AF463795

DE MON BALCON

A CANNES.

SAINT-DENIS. — TYPOGRAPHIE DE DROUARD.

Paris. Grassart, éditeur.

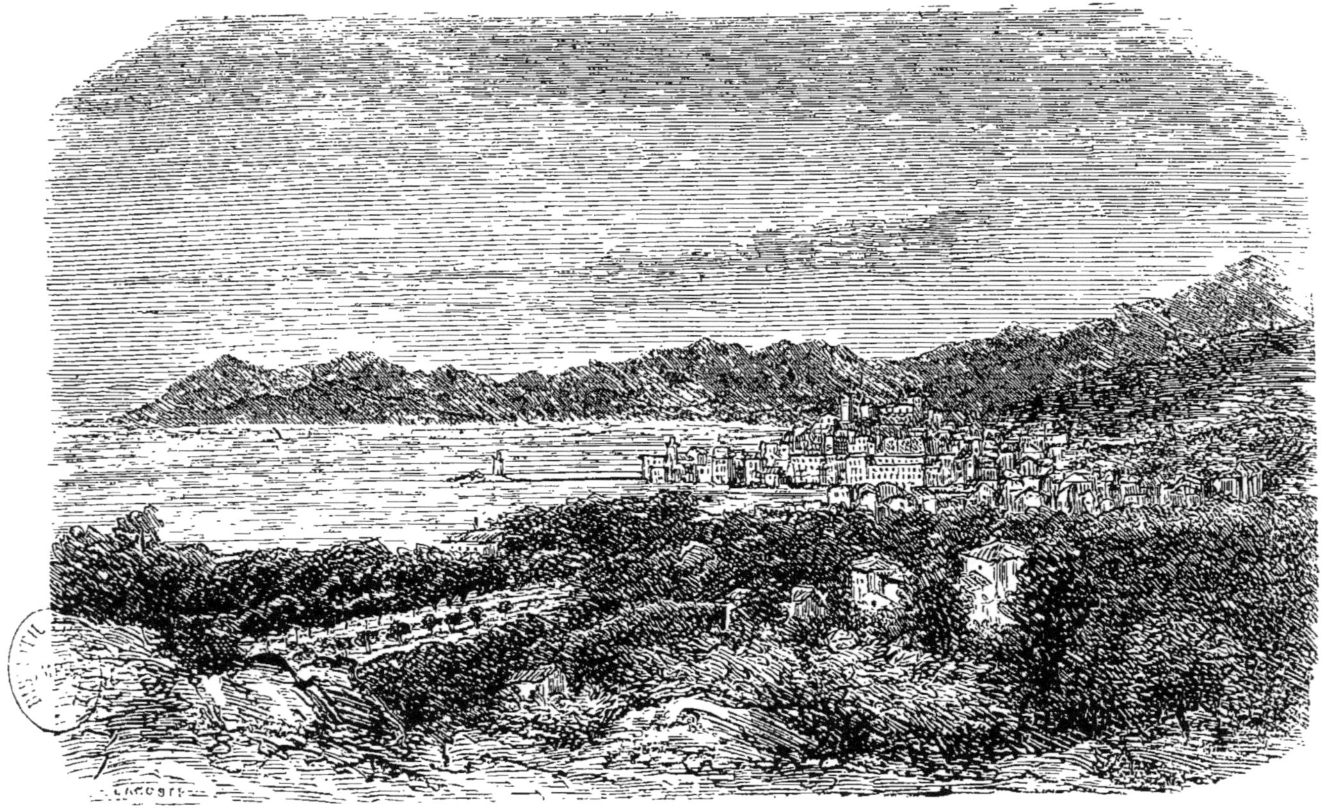

Vue de Cannes.

DE

MON BALCON

A CANNES

PAR

NAPOLÉON ROUSSEL

ORNÉ DE 4 GRAVURES

PARIS
GRASSART, LIBRAIRE-ÉDITEUR
3, RUE DE LA PAIX, ET 4, RUE SAINT-ARNAUD

GENÈVE
E. BEROUD, LIBRAIRE

1859

DE MON BALCON

A CANNES.

I

Qui doit et qui ne doit pas lire ce livre. — Coup d'œil général jeté autour de mon balcon. — On ne voit pas clair à Londres. — Amour aveugle et bienheureux de la patrie. — Le grand château dont j'ai le bonheur de n'être pas propriétaire. — Un cimetière cosmopolite. — Une photographie qui me porte à la postérité. — La vanité s'échappant du bout des doigts et du bonnet.

Ce n'est pas à la sollicitation de mes nombreux amis que je me décide enfin à publier ce livre; personne ne me l'a demandé. Je l'écris par plaisir, voilà tout. J'espère que ce début me vaudra la confiance du lecteur, et le disposera à me croire en tout ce qui va suivre.

Ce n'est pas non plus dans la douce espérance que mon livre fera beaucoup de bien que je le commence; je borne mon ambition à détendre un moment des esprits qui, sérieusement occupés le jour, veulent se reposer le soir dans une lecture facile. Si quelques utiles pensées tombent naturellement de ma plume, en tous cas, elles ne seront jamais longuement déduites. N'ayez donc pas peur de moi, je ne viens pas vous sermonner.

Ne vous étonnez pas trop de ma franchise; j'ai lu tant de préfaces commençant par l'affirmation que l'auteur ne s'était décidé à publier qu'à la sollicitation de ses amis, finissant par le souhait d'être utile à tout le monde, et en même temps j'ai remarqué que ce commencement et cette fin manquaient si complétement leur but, faire croire à l'humilité de l'auteur, que moi, pour ne pas vous paraître hypocritement humble, j'ai mieux aimé vous dire, de mon chef, la vérité que du reste, sans moi, vous auriez découverte.

Je commence donc par vous dire franchement que mon titre n'est qu'un prétexte; que mon balcon n'est qu'un cadre où j'exposerai tout ce qui me passera par la tête. Mon balcon ne sera ni une tribune, ni une chaire, on n'y entendra ni leçon, ni discours. Mon balcon est tout simplement un point dans l'espace d'où le spectateur regarde à son aise ce qui plaît à ses yeux et détourne sa tête de ce qui l'ennuie, une place avec siége que l'on quitte pour rentrer dans l'appartement, où l'on revient pour regarder et se reposer encore. C'est un refuge écarté où l'on cause avec ses amis, où l'on pense et rêve seul. Ainsi, sachez-le bien, mon balcon ne vous promet rien, bien qu'il vous laisse tout espérer.

Mais peut-être, lecteur, avez-vous mieux à faire que de lire un tel livre; peut-être des occupations importantes vous réclament-elles. Dans ce cas, laissez ce petit volume, ce n'est pas pour vous qu'il est écrit; faites-le passer à de plus jeunes, à de moins affairés, à vos enfants; c'est pour eux surtout que je regarderai du haut de mon balcon. Et comprenez-moi bien; je ne veux pas dire que je me ferai petit pour parler aux petits; mais que je me sens petit et disposé à parler à mes semblables. Vous donc, mes jeunes amis, prenez mon livre. Venez, nous regarderons à droite et à gauche; nous courrons par monts et par vaux; nous n'aurons point de règle; nous toucherons à tout, nous ne nous fatiguerons de rien. Venez, nous allons bien nous amuser!

Et d'abord, ami lecteur, que le premier mot de mon titre ne vous indispose pas contre moi. Je sais que le pronom possessif nous déplaît dans la bouche d'un autre que de nous-mêmes; mon balcon, mon château, mes propriétés : ces mots déchirent l'oreille de l'auditeur, froissent sa susceptibilité, car ils semblent lui dire : Vous qui m'écoutez, vous n'avez pas comme moi un balcon, un château et des propriétés.

Je vous dirai donc que moi, qui vous parle, je n'ai ni vaste propriété, ni grand château. Si je me permets de vous parler de mon balcon, c'est uniquement pour vous faire comprendre que le point où je me trouve est élevé, découvert, et que de là, vous et moi, pouvons porter nos regards autour et au loin; autour, car la maison est isolée; au loin, car sur sa façade brille et s'étend la vaste mer. Nous allons donc inspecter ensemble le panorama le plus étendu, le plus riche et le plus varié que probablement nous ayons jamais vu. Le dit balcon s'étend d'un bout de la maison à l'autre; en nous penchant en avant et tournant la tête, nous pouvons voir même sur le derrière, si bien que notre regard parcourt presque toute la circonférence. Suivez de l'œil la ligne circulaire que vont désigner ma parole et ma main : à l'extrême gauche, un château nouvellement construit, de forme antique; plus loin, un mamelon enceint d'une muraille incrustée de mausolées; plus haut, une colline surmontée d'une vieille église catholique; plus près de nous, sur la même ligne, une chapelle protestante moderne; en continuant le cercle à travers les arbres, voyez le golfe Juan où débarqua Napoléon; en vous éloignant du rivage là-bas, bien loin, l'île de Corse où il est né; plus près de nous les deux îles Lérins, qui semblent n'en faire qu'une : Sainte-Marguerite, flanquée d'une forteresse, prison d'Etat où mourut le Masque de Fer, et Saint-Honorat, où des milliers de moines furent massacrés par les Sarrasins; en face de nous, la vaste mer et le ciel plus vaste encore s'unissant à l'horizon pour nous cacher l'Afrique. Sur cette plaine bleue et tranquille, des bateaux pêcheurs aux ailes de toile, un steamer venant de Marseille à Cannes. Continuons : Sur la droite, voyez cette longue chaîne de montagnes plongeant au loin dans la Méditerranée, et s'élevant sur terre vers le ciel comme pour nous abriter du mistral. Nous voici revenus par la droite sur le continent; nous regardons à l'occident, près du rivage, le mamelon de Saint-Cassien, couronné d'arbres; un autre château moyen-âge, plusieurs villas aux formes italiennes, et entre autres le château de lord Brougham, qui devait conserver sous ce beau climat une fille bien-aimée que le château et le climat n'ont pas empêchée de mourir..... Si maintenant vous vous dites que ces lieux sont semés de ruines grecques et romaines, peuplés de souvenirs religieux et politiques, ombragés d'oliviers, de pins et d'orangers, embaumés de fleurs, inondés de soleil, vous comprendrez qu'il vaille la peine pour moi de les décrire, et pour vous, peut-être, d'en écouter la description.

Je me place donc sur le balcon, au centre de cette immense circonférence ; j'ai autour de moi un splendide panorama : à gauche, les îles Lérins ; à droite, la ligne de montagnes ; en face, la mer ; à l'horizon, le ciel s'abaisse et marie son azur pâli par une blanche vapeur à l'azur foncé des eaux. Les deux îles à l'est bornent cette ligne qui, trop longue, deviendrait monotone, et de leurs pins capricieux continue un horizon incertain. La chaîne de l'Estérel, au couchant, festonne les cieux d'une arête brisée, arrondie, qui monte et descend avec une grâce que l'art ne saurait imiter.

Si maintenant vous songez que le port de Cannes n'embarque que quelques huiles et quelques parfumeries, vous comprendrez que les navires passant ici ne sont pas très-nombreux, et que dès lors la Méditerranée sur ce point n'est pas moins paisible que sur la côte de Barbarie.

Si vous vous rappelez que nous sommes à une petite distance de la ville, vous devinerez que les promeneurs ne se coudoient pas sur notre plage, et qu'ainsi nous jouissons ici d'une solitude pour moi bienheureuse, pour vous peut-être désolante. Donc, s'il vous faut du bruit, de l'agitation, nous ferons mieux, lecteur, de nous séparer; posez vite le livre, et moi je vais tranquillement continuer.

Cette scène, habituellement si paisible, s'anime cependant quelquefois. Le ciel se couvre, le mistral souffle, les flots se soulèvent, et nous avons alors le magnifique spectacle d'hier.

Depuis le matin, un ouragan furieux sifflait dans les gorges de l'Estérel. Les oliviers du jardin se balançaient bruyamment sur la pente qui descend vers la mer; les flots n'étaient plus ni bleu d'azur ni blanc d'argent; mais vert-sombre sur le rivage, et rougeâtres à l'horizon. Le vent s'engouffrait avec effort dans les vases sculptés qui surmontent la maison, et à travers ces feuillages de pierre faisait entendre une musique sombre, stridente, plaintive, qui ferait croire à des gémissements humains. De temps à autre, des bourrasques venaient se heurter en furieuses contre nos persiennes fermées, que le vent ébranlait comme s'il voulait les ouvrir pour entrer et se mettre lui-même à l'abri du mauvais temps.

Nous étions vers cinq heures du soir, lorsque l'orage qui jusque-là ne nous avait apporté que de l'agitation et du bruit poussa du nord-ouest sur la mer un vaste nuage ténébreux qui bientôt enveloppa la montagne à droite, couvrit l'horizon en face, et s'approcha des îles sans les atteindre. Là un magnifique arc-en-ciel, un pied dans la mer, un pied sur les Alpes, barrait le passage à la sombre nuée, sur ce point moins dense; et, sous ce vaste arceau bordé de sept couleurs, brillait un ciel d'un bleu tendre, où flottaient quelques vapeurs légères. Les flots de la mer ne venaient plus se briser en longues lames sur le rivage; le flux et le reflux était un flux perpétuel qui avait complétement changé de direction. Un mistral puissant prenant les ondes en travers les poussait en pleine mer. Ce n'étaient plus des vagues molles, plates, expirantes, mais des bataillons de flots écumeux galopant les uns sur les autres comme des chevaux de course briguant tous l'honneur d'arriver le premier.

Mais ce qui donne une vie toute nouvelle à ce tableau, c'est le dernier coup d'aile dont le vent vient de frapper les nuages à l'occident; le soleil s'est dégagé, il descend vers la montagne, et avant de s'y enfouir, il vient nous rassurer et nous dire qu'il n'est pas éteint. Alors les rafales flagellant l'Estérel, la masse obscure dérobant le ciel, tout s'illumine, s'embrase. La poussière de pluie est une poussière d'or; le nuage est une brasière ardente; l'arc de Noé lui-même ravive ses couleurs, et la partie du ciel azuré qu'il protége devient plus pure encore. Nous avons toutes les saisons réunies devant nous : tempête sombre en face, soleil embrasé sur la droite, firmament bleu sur la gauche, et l'arc-en-ciel partageant ce vaste monde en deux.

Oh! qu'il est bon de voir tout cela de loin, du haut d'un balcon couvert, à l'abri de l'ouragan, et d'en jouir en parfaite sécurité. C'est une tempête, un déluge, mais tempête et déluge qui viennent mourir impuissants sous mes pieds. Je me crois remonté au premier âge du monde, au jour où cet arc fut donné comme garant de bienveillance au genre humain. Ces flots qui s'apaisent sont comme ceux du châtiment qui se retirent; l'Estérel qui se dépouille, c'est le refuge de l'Ararat; le vent souffle encore, mais c'est pour dessécher la terre, et cet azur que l'arc protége contre l'envahissement des nuages est pour moi le doux emblème de la promesse immuable de Dieu. Ma demeure est l'arche préparée par l'ordre de mon Créateur, et cet Évangile que je tiens à la main me semble la colombe m'apportant du sommet du Calvaire une branche d'olivier.

Qu'il est doux de se sentir sous la protection d'un Dieu qui dirige l'univers, sans la permission duquel pas un oiseau ne tombe du ciel ni un cheveu de notre tête! Oui, c'est toi, Seigneur, qui conduis cet astre, secoues ces ondées, poses cet arc, et qui me donnes au fond du cœur l'assurance que tu es un Dieu d'amour que bientôt je verrai face à face après l'avoir aperçu à travers les rideaux étincelants de la création.

Mais je redescends sur mon balcon. Les dimensions n'en sont pas ordinaires ; il a trente-six pieds de long, six de large, et se répète sur deux étages ; au besoin nous pouvons même monter sur la terrasse bordée d'une balustrade et voir, par-dessus les arbres, les châteaux voisins et les collines lointaines. Enfin, munis de ce télescope, nous pouvons découvrir au passage les navires allant de Marseille en Égypte, et les étoiles cachées dans le fond des cieux. Vous voyez donc qu'il ne s'agit ni de mon balcon ni de moi-même, mais des œuvres magnifiques du Créateur et des inventions modernes, comme de l'histoire ancienne, des générations passées ou présentes, sans oublier les découvertes probables de l'avenir. Ainsi, de mon balcon, je puis vous parler de toutes choses et de quelques autres encore..... Mais rassurez-vous ; je ne vous parlerai que des objets qui tombent sous mes yeux, et encore ne le ferai-je que dans les limites où je le croirai pour vous intéressant. Voilà mon but et voici mon plan : c'est tout simplement de vous décrire et de vous raconter les objets rangés en cercle autour de moi, vus de près par mes yeux ou de loin par cette longue-vue. Nous commencerons par la gauche comme un lecteur, et nous épellerons cette ligne de monuments, de feuillage, de flots, d'îles, de montagnes, écrite devant nous.

Le dit balcon est donc au sud d'une maison dont la façade principale regarde la mer. Nous sommes en France, dans le département du Var, à Cannes, hors de ville, et à deux cents mètres de la Méditerranée. L'intervalle qui nous sépare du rivage est un jardin. Ici l'atmosphère est pure, transparente, faite pour les myopes, car elle semble rapprocher les objets. Bien que nous ne soyons encore qu'au mois de mai, nous n'avons guère de pluie à craindre, et la brise constante qui nous vient de la mer nous garantit également de la forte chaleur. Chose plaisante! les étrangers qui viennent chercher à Cannes le beau temps en partent juste quand le beau fixe commence, et, terrifiés à la seule pensée d'une chaleur qu'ils ne connaissent pas, ils retournent vite en Angleterre reprendre un rhume qui les ramènera l'hiver prochain.

Les goûts sont libres; on me permettra donc de confesser le mien : j'aime mieux Cannes que Londres. Mon premier grief contre cette capitale, c'est qu'on n'y voit pas clair. Ici l'atmosphère est transparente, là-bas ténébreuse; de mon balcon, il semble qu'en tendant les bras je toucherais à la fois cette île et cette montagne; à Londres, on risque de se heurter dans les brouillards contre l'omnibus dans le Strand ou le steamer sur la Tamise. Écoutez plutôt mes tristes aventures sous le pâle soleil de cette sombre cité.

A mon dernier voyage à Londres, j'allai visiter le jardin des bêtes et celui des fleurs, et pour m'égayer encore plus, le chemin de fer par lequel je devais partir. Je ne vous parlerai ni des bêtes, ni des fleurs, ni des waggons, parce que vous avez vu tout cela vous-mêmes à Paris où ailleurs; mais je vous citerai une anecdote sur chacun de ces trois points qui prouve mon dire, c'est qu'on n'y voit pas clair à Londres, même en plein midi.

Au jardin zoologique j'avais parcouru, durant deux heures, les cabanes de singes, d'ours, de serpents, lorsque je me dirigeai vers une espèce de niche à deux arceaux. Comme je ne pouvais pas bien reconnaître quel animal l'occupait, je m'en rapprochais toujours. Je croyais voir sur le devant de la baraque des débris de nourriture jetés par les visiteurs à la bête étrange que j'apercevais indistinctement dans le fond. J'avance encore et je reconnais enfin, quand je suis nez à nez avec l'animal inconnu... une femme qui vendait des gâteaux! J'espère que la marchande n'a pas soupçonné mon erreur.

Au jardin des fleurs, ma preuve qu'on ne voit pas clair à Londres est encore plus plaisante. Cette fois j'étais en compagnie de plusieurs personnes dans les allées et les serres où quelques pailles déséchées se rencontraient çà et là sur notre passage. Je crus en apercevoir une accrochée au bord de la robe traînante d'une de nos dames. Depuis quelques instants ce brin d'herbe promené partout devant moi m'impatientait. Déjà j'avais tenté, sans en rien dire, d'en débarrasser le vêtement, en posant mon pied sur cette queue improvisée, mais je l'avais tenté en vain. J'étais aussi maladroit dans ce jardin, que peu clairvoyant dans l'autre; à la fin j'eus le bonheur de mettre la pointe de mon soulier sur la paille prétendue... et je reconnus alors avec terreur que je marchais sur la frange du châle traînant à terre! Vous représentez-vous mon plein succès, le châle arraché des épaules de la jeune personne qui se retourne étonnée vers moi tout confus?

L'obscurité de Londres me fut encore plus clairement prouvée au chemin de fer que dans ces deux jardins. Écoutez. J'avais à mettre l'adresse sur une lettre faite d'avance. Je demande à un employé une plume et la boîte aux lettres, il me conduit dans un réduit obscur où se trouvaient une table et un tabouret; de la main il me montre les deux objets. Je trace mon adresse, il ne me restait plus qu'à jeter ma lettre à la poste, or le tabouret avait un trou à sa partie supérieure; je pris cette ouverture pour celle de la boîte, et j'allais y mettre ma lettre lorsqu'une jeune fille (la mienne heureusement) éclate de rire à mes côtés !

Maintenant est-il évident, oui ou non, qu'on ne voit pas clair à Londres ?

— Il est évident que vous êtes aveugle, me direz-vous, lecteur.

— C'est vrai ; vous m'ouvrez les yeux... J'ai pris un malicieux plaisir à rire de Londres, comme à cette heure vous prenez un plaisir malicieux à rire de moi. J'ai eu tort... et vous aussi.

Mon second grief contre Londres, c'est la couleur de ses maisons. Noires comme la houille qui les chauffe, elles portent dans l'âme du passant une sombre mélancolie. A ces murailles couleur de suie, ajoutez un bruit d'enfer, une fumée cuisante ; mêlez tout cela de froid, de pluie, de neige, de boue, et vous saurez pourquoi je me sens à Londres triste comme un bonnet de nuit.

Quelle bizarre nature que la nôtre ! Qu'une maison soit blanche ou noire, quel rapport cela devrait-il avoir avec ma béatitude intérieure ? Ne puis-je pas vivre, penser, sentir derrière une muraille, qu'elle soit grise ou blanche ? Sans doute; j'ai tort encore, je le sens. Je me raisonne pour surmonter mes impressions et je ne puis y réussir. Je suis sous le charme d'une simple nuance, je suis l'esclave de mon imagination. En vérité ce n'est pas la peine d'être si fiers de notre supériorité sur la bête. Si nous avons été créés grands, nous nous sommes faits bien petits.

Mais si les habitants de Londres et moi différons de goût, ne nous en plaignons pas; c'est un résultat de l'amour de la patrie. Si les Groënlandais, les Lapons, les Russes, les Chinois allaient se déplaire dans leurs pays respectifs, qu'arriverait-il? C'est que tous ces peuples se mettraient en route pour le meilleur climat; toutes les nations également répandues sur le globe se porteraient en masse sur l'Italie, sur l'Égypte et sur Cannes en particulier, et plus spécialement encore sur mon balcon qui ne serait plus mien. Oh! que Lafontaine a raison! De même que le gland est à sa place sur le chêne, et la citrouille dans le jardin, chacun est bien dans son pays. De cette manière nous avons quelques guerres de moins et quelques industries de plus ; ainsi la terre, cultivée sous les tropiques comme aux pôles, nous donne des produits plus variés et plus abondants. Restez donc où vous vous trouvez bien, mes chers Groënlandais, Lapons, Russes et Chinois, et moi je resterai sur mon balcon.

On court chercher au loin une variété de spectacles. Je fais mieux, j'attends à mon balcon que ces spectacles variés viennent me chercher. Devant moi le soleil se lève et se couche ; devant moi la mer se soulève et se calme ; devant moi un horizon incertain et sans terme, à ma gauche un horizon très-bien défini et rapproché. La montagne, sombre le matin, s'illumine le soir ; grandie par les nuages, quelques heures d'hiver, elle reprend ses justes dimensions pendant l'été. Là elle est verte, plus loin pelée ; à pic dans la mer, dentelée vers les cieux ; par une extrémité elle se perd dans les ondes profondes ; par l'autre elle s'unit aux Alpes majestueuses. J'ai ici de simples paysans et des grands seigneurs, des marchands de parfums et des législateurs du monde. Pourquoi irais-je chercher tout cela au loin, puisque tout cela vient ici? Et remarquez que tout cela se renouvelle chaque année. Je ne parle pas des fleurs, car bien que restées les mêmes, elles ne plaisent pas moins à leur retour; je parle de la société qui se forme chaque hiver, se disperse chaque été et revient toute nouvelle chaque automne. On lie correspondance avec les aimables; on oublie les ennuyeux, et en fin de compte, sans bouger de place, on peut avoir à Cannes des amis jusqu'au bout du monde qui sont venus vous y trouver en cherchant le beau temps.

Donc à mon extrême gauche, au nord de la maison, et sur le penchant de la colline s'élève, majestueux et crénelé, un château-fort de construction moderne. Quand je dis château-fort, j'entends désigner la forme, l'apparence et non la réalité. La réalité, la voici : c'est une habitation princière par sa position, son étendue, ses jardins, ses escaliers spacieux, ses appartements confortables, ses meubles somptueux, et surtout par la vue magnifique dont on y jouit sur la terrasse. Mais cette vue étant la même que la mienne, j'en réserve la description pour l'heure où je reviendrai sur mon balcon.

Le dit château-fort, achevé depuis un ou deux ans, est l'édifice le plus considérable de la contrée. On le voit de partout, de la mer, de la route, de la montagne, de droite et de gauche, de près et de loin; à la lettre, il domine toute la vallée. Eh bien! le croiriez-vous? Ce superbe château n'a presque pas encore été habité. D'abord celui qui l'a fait construire, après s'y être établi, l'a trouvé si beau, si grand; il y avait tant de chambres à faire, tant d'escaliers à descendre et à monter, tant de domestiques à commander, tant de fleurs à arroser que le bienheureux possesseur s'est estimé plus heureux encore de le quitter et de le vendre à mylord....

Mylord y est resté plus de six semaines; mais enfin il s'est aperçu..... de je ne sais quoi; je suppose qu'il s'y trouvait trop bien, et que cet énorme défaut l'aura dégoûté du somptueux palais; il l'a mis en vente, et lui-même est allé se promener.

On nous fit un jour espérer un troisième habitant du grand château, si près de ma maison, et cette fois, mon voisin ne devait être rien moins qu'un roi ! Déjà les notaires étaient en correspondances, déjà les propriétaires de Cannes doublaient en pensée la valeur de leurs maisons et le prix de leurs loyers ; les domestiques eux-mêmes voulaient des gages princiers, lorsqu'on apprit que, malheureusement pour Cannes et heureusement pour elle, Sa Majesté se portait mieux et ne viendrait pas. Tous ces projets, toutes ces espérances, toutes ces prétentions durent redescendre à zéro, et l'on put dire avec vérité que chacun avait travaillé pour le roi de Prusse ; troisième habitant du château qui ne l'a pas habité.

Parlerai-je d'un quatrième acheteur qui n'a pas acheté, de maints visiteurs qui n'ont que contemplé, de moi qui le regarde chaque jour et qui ne l'habiterai jamais ? Non, mais je vous dirai du moins combien je suis heureux de posséder un simple balcon, balcon de bois peint, balcon de douze mètres de long sur deux de large, balcon dont le plancher à jour laisse passer l'air qui me rafraîchit les jambes. Ce qu'il y a de certain, c'est que si la cour d'assises me condamnait à vivre de mes rentes dans ce splendide château-fort, à la condition d'en commander tous les domestiques, d'en diriger toute l'administration; s'il me fallait maintenir l'ordre entre la cuisinière et le palfrenier, entre le jardinier et le majordome, entre la volaille et les chats, les chevaux et les chiens, si l'on me donnait ces fers à perpétuité, je vous déclare que je n'en voudrais pas. J'en appelle de la cour d'assises à la cour de cassation. J'estime que j'ai droit au bonheur tout comme un autre. Qu'on me laisse donc tranquille, qu'on me retire ce palais et ces serviteurs, ces équipages et ces visites; qu'on me rende le calme, le silence... et mon balcon.

Que de peine l'on prend pour être malheureux! Quand je pense qu'il y a des milliers d'êtres, appelés raisonnables, qui se rompent la tête, les bras et les jambes, pendant trente ans pour acquérir une fortune qui les assujettira aux embarras du luxe, des serviteurs, des fêtes, pour le reste de leur vie, et ne leur accordera que juste le même repos que celui de ce mendiant qui là-bas s'écarquille au soleil contre la muraille, le repos de la tombe, je me dis : Oh ! bienheureuse médiocrité, je bénis Dieu de t'avoir répandue et sur moi et sur le genre humain ! Ainsi je jouis en pensée de tout ce que je n'ai pas, et je savoure la béatitude de ne pas en être embarrassé.

Ami lecteur, avez-vous jamais apprécié toute la volupté qu'il y a à se servir soi-même ? à n'avoir qu'une ou deux chambres ? à travailler sans bruit autour de soi, sans lutte avec aucune volonté humaine, sans danger de déplaire à personne ? Si vous êtes assez pauvre pour cela, tant mieux ; croyez-moi, ne vous enrichissez pas de soucis, de fatigues, de domestiques et de châteaux ; ou plutôt croyez-en l'expérience de celui qui vous a dit depuis longtemps : « Je me suis bâti » des maisons, fait des jardins, planté des vignes, » créé des réservoirs, acquis des serviteurs, » amassé de l'argent, des joyaux, des provinces ; » j'ai été roi de Jérusalem, moi, Salomon, et je » déclare à cette heure que tout cela n'est que » vanité ! »

Savez-vous quelle est la propriété dont nous jouissons le plus? C'est celle qui ne nous appartient pas. Tel est pour moi le dit château qui ne m'a jamais donné de souci et qui m'a souvent procuré le plaisir de voir de loin ses tours et de près son verger. Au-dessous de mon balcon je possède en propre un jardin. Eh bien, malgré sa proximité, malgré mon droit exclusif de le parcourir, malgré mes rosiers par centaines et mes verveines par milliers, j'aime encore mieux aller me promener dans le champ voisin qui ne m'appartient pas, ou sur le bord de la mer, propriété appartenant à tout le monde. Là, du moins, je ne vois plus telle fleur qui s'étiole et que je dois remplacer; tel arbre qui ne promet aucun fruit cette année; telle bordure ébréchée qu'il faudra raccommoder. Hors de chez moi je m'accommode de tout, me console de tout, et ainsi de tout je jouis : de ce rivage que je n'ai pu acheter, de cette mer, propriété communale; de ce ciel que tous peuvent regarder; de ce soleil auquel je me chauffe sans gêner personne. Mais, hélas! combien de gens dédaignent ce qui appartient à tous, et ne se croient heureux qu'en jouissant à l'exclusion d'autrui ! On s'exclut si bien mutuellement que personne ne peut plus bouger. Je me rappelle avoir vu à Paris une grande maison avec jardin à louer. Un premier locataire vient, prend une chambre, et se promène dans le jardin tout entier. Un second arrive, et au lieu de se promener côte à côte avec son voisin, il demande que le jardin soit partagé. Un troisième, un quatrième jusqu'à dix locataires, s'amoncellent dans la maison et demandent à leur tour la moitié de la moitié de la moitié du jardin, jusqu'à ce qu'enfin chacun d'eux possède juste une case de damier. Ils appellent cela leur jardin particulier. Cernés de tous côtés par une clôture de jonc, ils se trouvent pris de telle sorte qu'ils ne peuvent plus bouger. Tous auraient pu se promener ensemble, ils ont préféré se mettre chacun les fers aux pieds. Mais au moins ils ont l'inestimable bonheur d'avoir chacun son parterre à soi. Pour moi, ami lecteur, moins égoïste, je vous invite à revenir prendre place sur mon balcon.

Voilà donc le premier objet saillant sur le pourtour à l'horizon, c'est un château; voici le second : un cimetière.....

N'est-il pas vrai que cette rencontre est pénible? Il semble que, passant dans la rue, nous venions tomber sur un convoi funèbre. Nous détournerons-nous? Non, au contraire, regardons; il y a une amertume salutaire dans ce spectacle.

Le cimetière de Cannes est consacré à tout le monde; mais comme les concessions de terrain à perpétuité ne s'y font que contre les murailles, il se trouve que le pourtour en est décoré de pierres funéraires. Bon nombre de ces pierres portent des noms étrangers, et dans quelques années on viendra de tous les bouts du monde lire ici sur sa tombe le nom d'un parent ou d'un ami : Vanités de nos soins! c'est ici qu'on vient chercher la santé, et c'est ici qu'on rencontre la mort. Et cela, malgré la chaleur vivifiante du soleil et la douceur du climat, en dépit de tous les remèdes et de tous les docteurs. Cet hiver j'ai vu partir ainsi plusieurs personnes de ma connaissance; la mort semblait les choisir dans différentes catégories comme pour prouver qu'elle ne se laissait intimider par rien! Jugez-en vous-mêmes.

D'abord une dame appartenant à la haute noblesse, personne riche, très-riche, que je n'ai connue que de nom, mais que je sais avoir été entourée de tous les soins que la fortune et le dévouement filial peuvent donner; elle fut très-bien soignée et elle mourut.

Ensuite un ecclésiastique, jeune encore, qui avait dû laisser son église pour venir rétablir la santé, et il mourut.

Après cela, un savant qui avait visité le monde entier, et qui projetait sur sa couche funèbre de nouveaux voyages. Dans la maison qu'il habitait se trouvait à l'étage supérieur un autre malade dont il s'informait quelquefois; le malade du second expira; on eut soin de n'en rien dire à notre ami; mais le lendemain, un pan, pan, pan, régulier et monotone, se fait entendre au-dessus de la chambre du survivant.

— « C'est une bière que l'on cloue? » s'écria le moribond.

Pas de réponse.

— « Mon voisin est mort? »

Pas de réponse.

— « Je vous en prie, allez vous en assurer. »

La personne interrogée sortit et ne revint pas dans la chambre du malade. Mais il fallut bien y rentrer le lendemain.

— « Eh bien, dit le voyageur, n'était-ce pas une bière qu'on clouait sur ma tête? »

Cette fois le silence fut la plus terrible des réponses!

Quelle admirable direction de la Providence pour apprendre à cet homme le sort qui l'attend! Lui, ne veut pas mourir; ses parents, ses amis, ne veulent pas qu'il soupçonne le danger qui le menace. On ne lui parle plus du voisin; on ferme la porte, les fenêtres; on évite les importuns; on ne prononce pas une parole; le secret sera donc bien gardé! Eh bien, non! le marteau prophétique se chargera de faire passer la nouvelle au travers du plancher, et de venir avertir qu'une bière se cloue au-dessus de la tête du voyageur. Il survécut donc à ce mort, et il mourut.

J'étais arrivé à Cannes avec une famille de six ou huit personnes qui venait rétablir la santé de la fille aînée. La fille aînée si faible n'est pas morte, mais le plus jeune enfant, âgé de quinze mois, n'était qu'enrhumé, et il mourut.

Une vieille dame était depuis longtemps alitée; elle perdit lentement ses forces, elle n'avait ni le rhume du petit enfant ni la maladie de la sœur aînée, et elle mourut.

Enfin un Suisse d'âge moyen, homme pieux qui, peu de jours auparavant, donnait encore son or pour de bonnes œuvres, tomba malade, il allait mieux, et il mourut.

Que c'est triste! Si nous pouvions retarder ce départ! Mais qu'y gagnerions-nous? Vivre pour mourir au bout d'un siècle, ou de dix, n'est-ce pas toujours vivre en perspective de la mort? Avez-vous moins d'horreur pour votre fin à un âge qu'à un autre? Jugez-en par l'effet que produiront sur vous les quelques lignes que je vais extraire de la vie des patriarches ; je copie en abrégeant :

« Adam vécut cent trente ans, et il engendra
» Seth, et après qu'il eut engendré Seth, ses
» jours furent huit cents ans. Tout le temps
» donc qu'Adam vécut fut neuf cent trente
» ans; puis il mourut.

« Seth engendra Énos, et après il vécut huit
» cent sept ans. Tout le temps donc que Seth
» vécut fut neuf cent douze ans; puis il mourut.

« Et Énos engendra Kenan, et après il vécut
» huit cent quinze ans. Tout le temps qu'Énos
» vécut fut neuf cent cinq ans; puis il mou-
» rut.

« Enfin Méthuséla, ayant vécut cent quatre-
» vingt-sept ans, engendra Lemec, et après il
» vécut sept cent quatre-vingt-deux ans. Tout
» le temps donc que Méthuséla vécut fut neuf
» cent soixante-neuf ans; puis il mourut. »

Et toujours même retour de cette parole : « puis il mourut, puis il mourut, puis il mourut! »

Lecteur, comment vous nommez-vous? Est-ce Pierre, Paul, Édouard, Adolphe? N'importe; un jour quelqu'un dira : Pierre, Paul, Édouard ou Adolphe apprit à lire, il parcourut l'ouvrage intitulé *De mon balcon* et quelques autres livres; puis il mourut! Ce n'est ni d'Adam ni de Méthuséla qu'on dira cela; c'est de vous-même, lecteur. Oh! que cette pensée est sérieuse et comme elle nous presse de bien employer notre temps! Vous n'entendrez peut-être pas le marteau révélateur clouant la bière de votre voisin sur votre tête; mais le bois de votre propre bière est déjà dans la forêt; peut-être sur le navire qui l'apporte; peut-être dans la boutique du charpentier! Pensez-y! et puisse-t-on dire un jour : Il lut aussi sa Bible, sentit son état de péché, se confia en Jésus, et fut sauvé; puis il mourut!

Après le château, le cimetière ; après le cimetière l'église catholique... Mais je m'aperçois que si je continue ma description en demi-cercle, je risque de vous présenter un pêle-mêle, un tohu-bohu, un fouillis inextricable. Pour fixer vos idées, vous auriez besoin d'une vue photographique prise de mon balcon. Je trouverais là mon propre compte, car je pourrais me glisser dans un coin du jardin pour entrer dans la photographie, et je vous arriverais tout daguerréotypé. J'aurais l'air de n'y avoir pas songé; et ce serait un moyen adroit de répandre mon portrait. Combien de gens qui voudraient se faire représenter au crayon, à l'huile, au soleil, en plâtre, en marbre, et qui n'osent pas! Combien qui se prêteraient à ce qu'on les reproduisît à leur insu! Eh bien! moi, qui vous parle, j'ai goûté ce bonheur-là, du moins en espérance. Je vais vous conter çà; c'est une drôle d'histoire.

Un jour, dans les montagnes d'Écosse, visitant un site pittoresque, je m'étais assis sur le bord d'un précipice, un carnet à la main pour prendre quelques notes. J'étais là me demandant ce que j'allais noter, lorsqu'un jeune garçon de 15 ans vint me prier de ne pas bouger, parce que son maître prenait dans ce moment la vue du paysage avec sa chambre obscure, placée là-bas sur le pont. Mon immobilité était d'autant plus nécessaire que le moindre mouvement risquait de gâter le tout. Pour mieux le satisfaire je voulus déposer mon carnet et mon crayon. « Non, me dit-il, au contraire, continuez à écrire ; cela fera très-bien dans le tableau. »

Cette idée me sourit. La pensée que moi, moi-même je ferais très-bien dans un tableau caressa ma petite vanité... Je veux dire mon imagination. Me voilà donc immobile, le carnet d'une main, le crayon de l'autre, et pour plus de naturel écrivant ce qui me passe par la tête comme suit :

Qui sait ? Peut-être ce photographe est-il un grand peintre qui reproduira son œuvre sur la toile ? Peut-être son tableau, vrai chef-d'œuvre, remportera-t-il le grand prix à Rome ? Ensuite il sera mis dans un musée, et moi, là au Louvre, devant une foule de parisiens et de connaisseurs, moi posant sur ce pic escarpé, moi méditatif, moi écrivant, je vais, grâce à ce chef-d'œuvre, passer à la postérité !

Un frisson de plaisir parcourt tous mes membres. Mais le public contemplant l'œuvre immortelle du peintre ne devinera pas ce que j'écris... Tant mieux ! il pourra croire que c'est quelque chose, prenons seulement l'air bien grave, sérieux, profond ; c'est dans ce moment peut-être que je passe à la postérité !

Hélas ! le ciel d'Écosse est couvert, même au mois d'août. — Mais, ô prodige ! le soleil perce à l'instant même les nuages. O soleil, mon ami, tu ne m'as jamais souri plus agréablement ! La nature elle-même se prête à la reproduction de mes traits, elle veut elle-même empreindre ma personne et mon écrit sur la plaque d'argent, le sort facilite l'œuvre, il est sans doute dans la destinée que je passe à la postérité !

Mais ce soleil darde sur mes épaules ; je voudrais bien quitter mon habit pour avoir moins chaud ! Et cette cravate qui me gêne ! Allons, à bas ! Mais prenons garde ! Si je pose habit et cravate, c'est en manches de chemise que j'apparaîtrai sur le tableau. Au lieu d'en imposer aux spectateurs, je les ferai rire ; on se moquera de moi... Non, non, gênons-nous un peu, restons en habit noir, raide comme une buche, pour paraître un personnage à la postérité !

Mais comment saura-t-on que c'est moi qui suis là ? Homère, Platon, Virgile dont la mémoire a été conservée tant de siècles, comment leurs lecteurs savaient-ils que ce sont eux-mêmes et non pas d'autres qui ont écrit ces belles choses? Si Homère, Platon, Virgile étaient là vivants, pour dire à leurs admirateurs : « C'est moi qui suis Homère; c'est moi qui suis Platon; c'est moi qui suis Virgile; c'est moi, moi-même que vous lisez, » à la bonne heure! Mais être mort et passer à la postérité, à quoi cela sert-il? — Bon, voilà une pensée profonde, je dois avoir l'air d'un philosophe en l'écrivant! Qui sait? c'est peut-être dans cet heureux instant que le soleil me fixe et m'envoie à la postérité!

Toutefois ne bougeons pas, car le jeune homme a promis de m'avertir quand ce serait fini. Continuons, écrivons encore.... Mais si la pointe de mon crayon allait se rompre, et si à l'instant où je me baisserai pour en prendre un autre, la lumière solaire allait agir et me fixer dans le paysage sans tête... Oh! je frémis d'y penser! Combien peu de chose il faut cependant pour effacer la gloire! Qu'une pointe de crayon se casse, et moi je ne passe plus à la postérité!

Oh ! fragilité de la gloire humaine ! J'ai posé mon chapeau, le soleil plante ses rayons cuisants dans ma tête ; et cependant, si je bouge je ne vais plus à la postérité !

Tout cela commence à m'ennuyer. Si mon jeune homme allait me laisser là ? Peut-être s'est-il moqué de moi? C'est peut-être lui, mauvais rapin et mauvais plaisant, qui dans ce moment prend mon croquis en caricature ! Peut-être...

— Merci, mille mercis, vient me dire à l'instant une voix plus douce que le miel ; mon maître vous est bien reconnaissant pour l'immobilité parfaite que vous avez gardée.

— Et qui est votre maître ?

— Un photographe, chargé de prendre les vues des Highlands pour une publication qui paraîtra en octobre prochain.

— Chez qui ?

— Chez messieurs Brown et Cie, éditeurs de gravures à Aberdeen.

— Merci ; j'écrirai pour en avoir un exemplaire à transmettre à ma postérité.

Mon histoire, vous le voyez est une fidèle

image de celle des glorieux. Pauvres gens qui se donnent mille peines, supportent les rayons du soleil sans chapeau, gardent leur habit noir et leur cravate aussi empesée qu'eux-mêmes, font semblant de penser, d'agir, de se dévouer, et tout cela pour le stupide avantage de ne pas même se voir peints sur un morceau de papier !

Oh ! combien je préfère laisser dire le monde, sot admirateur des apparences, et vivre, moi, libre, sans gêne, faisant ce que je veux, ou plutôt faisant ce que veut mon Père céleste ! Combien j'aime mieux être jugé par Dieu que par les hommes ! Et combien, son ciel peuplé d'amis, de saints, de bienheureux, m'apparaît préférable à cette fausse gloriole de la postérité !

Mais croyez-vous qu'il faille être savant illustre, peintre célèbre ou millionnaire pour avoir des prétentions à la gloire ? Erreur.

Il suffit pour cela de porter un bonnet de coton. Voyez avec quelle hauteur le charretier provençal le dresse, rouge et pointu, sur sa tête ! Avec quel orgueil le muletier espagnol étale sa veste sur son épaule ! La satisfaction de soi-même et le silencieux : *Regardez-moi passer !* se font entendre même à travers la bure grossière et le vêtement débraillé ! Que dis-je? Il suffit d'un chapeau froissé, pelé, percé à jour, pour s'ennoblir ; car la noblesse n'est pas dans le chapeau, mais dans la manière de le porter. La preuve du mérite consiste à le mettre sur sa tête du côté de l'oreille droite, plus ou moins incliné ; plus l'angle est ouvert, plus la noblesse est grande, et j'ai vu des jeunes gens le placer à la dernière limite où le couvre-chef pouvait tenir sans risque de tomber. Avec cela, tendez la jambe, portez la tête haute, croisez les bras, et, enfant de la Provence, vous marcherez l'égal du mylord !

Le chapeau de feutre n'étant pas à l'usage des femmes, que feront celles-ci pour s'ennoblir ? Elles parviendront à s'élever même sans bonnet. Telle servante ayant remarqué que sa maîtresse anglaise touche la main à ses amies et leur secoue le bras, s'est dit : « Je deviendrai son égale si je lui en fais autant. » Aussi miss Brewster, dans son livre sur Cannes, avoue qu'elle avait le poignet fatigué des solides et nombreux *shake-hands* de sa servante. Et n'allez pas croire que la poignée de main égalitaire ne soit qu'à l'usage des petits, visant à se grandir; non d'autres se croyant grands, la modifient pour marquer leur supériorité. Je connais tel personnage qui, selon la rencontre, présente la main d'une manière différente; il offre plus ou moins de doigts à serrer, depuis cinq jusqu'à un! Son fils, qui voudrait l'imiter, ne l'ose pas encore, et pour laisser sa prétention équivoque, il fait semblant de tenir par hasard son gant sous ses deux doigts fermés. Pauvre garçon! pauvre humanité! J'ai eu plus d'une fois l'envie de présenter à ces grands hommes, juste un doigt de moins qu'ils ne m'en donnaient à serrer; il est vrai qu'une fois j'aurais dû à ce compte leur refuser ma main. Auraient-ils profité de la leçon? Non; leur orgueil, au lieu de fléchir, s'en serait irrité. Nous ne profitons que des leçons que nous nous donnons nous-mêmes. Aussi, lecteur, sachez que je n'ai pas la prétention de vous en donner. Je me parle à moi-même et me dis : Pauvre sot, la vanité la plus subtile ne saurait se cacher; elle perce à travers ta poitrine, se montre jusqu'au bout de tes doigts, et n'a d'autre résultat que de te tourner en ridicule auprès de ceux dont tu mendies arrogamment l'admiration !

Paris. Grassart, éditeur.

CONTINI M. COSTE

Le Grand Château.

II

Eglise et temple comparés. — La vieille ville et la nouvelle industrie des fleurs par quintaux; une essence vendue au poids de l'or. — Antiquités de Fréjus et d'Antibes. — A qui l'on s'intéressait jadis et à qui l'on s'intéresse aujourd'hui. — Un cheval honorablement enseveli. — La mer et son rivage; Dieu et la Nature.

Mais je reviens à mon balcon. Je disais donc qu'après le cimetière venait l'église catholique. Au-dessous de l'église catholique, sur le même rayon visuel, est le temple protestant.

Que vous dirai-je de ces deux édifices? Que l'un est sur la colline, l'autre sur la route? que l'un est noir, l'autre gris? l'un surmonté d'un clocher et l'autre d'un toit? l'un érigé il y a quelques siècles, l'autre quelques années? Que vous importe tout cela? Non, j'aimerais mieux vous raconter ce qui se passe dans leur intérieur, le dimanche matin. Malheureusement je ne puis pas être en deux lieux en même temps. Que faire donc? Oh! écoutez, écoutez, c'est une bonne fortune et pour vous et pour moi. J'entends là-bas sur le banc, sous l'olivier, le jardinier et la fille de chambre qui causent ensemble; ils reviennent, elle de l'église, lui du temple; ils parlent de ce qu'ils ont vu; écoutons.

— Eh bien! qu'avez-vous entendu dans votre temple?

— Un bon sermon. Et vous, dans votre église?

— Moi, la messe. Mais que disait le sermon?

— Le sermon disait des choses qui m'ont fait pleurer. Et que disait la messe?

— Je ne sais pas.

— Vous ne comprenez donc pas le français, vous, Provençaux?

— Oh! je le comprends; mais la messe n'est pas en français.

— Ah! on la chante sans doute en patois à cause des paysans?

— Pas plus en patois qu'en français.

— Je devine : il y a beaucoup de Piémontais à Cannes, et l'on dit la messe en italien?

— Pas plus en italien qu'en patois ni qu'en français.

— En quelle langue donc ?

— En latin.

— Mais personne n'y comprend rien.

— C'est égal; c'est comme ça partout!

— Eh bien! moi, j'aime mieux le sermon qui m'a fait pleurer. Le pasteur nous a dit en bon français que Dieu nous aimait tant et tant qu'il nous a donné son Fils unique pour nous sauver de nos péchés.

— Mais dans votre temple il n'y a rien du tout à voir : ni tableau, ni autel, ni cierge, pas même un bénitier. C'est uni comme la main.

— Pas tout à fait. J'ai vu dans un temple les Commandements de Dieu gravés sur la muraille comme ça : « TU NE TE FERAS POINT D'IMAGE TAILLÉE, TU NE TE PROSTERNERAS POINT DEVANT ELLES, TU NE LEUR RENDRAS AUCUN CULTE. » Et de l'autre côté, il y avait cette parole de Jésus-Christ : DIEU EST ESPRIT, IL

FAUT QUE SES ADORATEURS L'ADORENT EN ESPRIT. Et puis nous avons des fenêtres et des rideaux.

— C'est égal, c'est pas si joli, si amusant.

— Mais nous chantons des cantiques. Ce matin on a chanté celui-ci :

Souvent, Seigneur, dans sa détresse,
Un pauvre pécheur ne t'adresse
Pour prière que des soupirs ;
Vers lui, plein d'amour, tu t'inclines,
Quoiqu'il se taise tu devines
Le secret de tous ses désirs.

— Et nous, nous chantons des litanies comme ça :

Sancta Virgo, ora pro nobis.
Regina cœlorum, ora pro nobis.

— Je ne comprends pas.

— Je crois bien, c'est encore en latin.

— Mais quand donc votre prêtre parle-t-il français?

— Quand il prêche.

— Et que vous dit-il en prêchant?

— De nous confesser au curé de notre paroisse pour obtenir l'absolution de nos péchés.

— Mais tous les paroissiens n'ont pas offensé le curé ; pourquoi lui demander pardon?

— Nous demandons au curé le pardon de Dieu.

— Oh bien! nous, nous demandons le pardon de Dieu à Dieu lui-même. Mais après la confession, que faites-vous?

— Nous faisons pénitence, comme de réciter des *Pater* tous les matins, de visiter des églises tous les soirs.

— C'est donc une pénitence pour vous que de prier Dieu et d'aller à l'église? Nous, au contraire, quand nous avons demandé pardon à Dieu, nous nous réjouissons dans la pensée qu'il nous a fait grâce; et alors, comme nous l'aimons à cause de son pardon, nous tâchons de lui plaire.

— Nous aussi, et pour lui plaire, nous jeûnons tout le Carême.

— Eh! vous croyez que Dieu est content parce que vous jeûnez? Il me semble qu'il vaudrait mieux empêcher les autres de souffrir que de souffrir ainsi soi-même; mieux vaudrait visiter les malades, les pauvres. Mais dites-moi à quoi

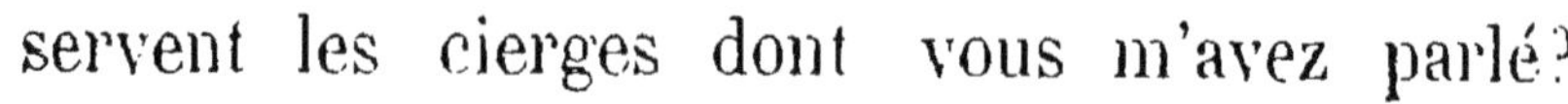

servent les cierges dont vous m'avez parlé?

— Je ne sais pas; mais c'est bien joli.

— Et l'encens?

— Je ne sais pas; mais ça sent bon.

— Et le pain bénit?

— Ah! vous voulez tout savoir, vous!

— Non, mais le bénitier?

— J'ai entendu dire que l'eau bénite chasse le démon.

— Mais le démon ne va pas à l'église; inutile de l'en chasser. Notre pasteur dit que le démon se cache dans notre cœur, et que pour l'en expulser il faut prier Dieu. Et ce soir, à trois heures, où irez-vous?

— A vêpres.

— Connais pas.

— Écoutez, je vais les chanter : *Deus, in adjutorium...*

— Encore du latin?

— Oui; nous, ce n'est pas comme chez les hérétiques; nous ne changeons jamais!

— Ah!

— Mais vous, à trois heures que faites-vous?

— On nous explique familièrement l'Évangile; ou bien on nous raconte les travaux des missionnaires; ou bien encore, quand quelqu'un de l'assemblée ne comprend pas, il demande une explication.

— Quoi! vous, jardinier, vous pouvez parler dans le temple à haute voix, comme votre pasteur?

— Comme un autre, je peux faire une question pour m'instruire.

— Vous instruire, vous instruire! vous parlez toujours de vous instruire! vous êtes donc bien savant?

— Non, c'est justement parce que je ne sais rien que je veux m'instruire.

— Moi, j'aime mieux aller à la procession. Je mets ma robe blanche, ma ceinture bleue, mon voile de mousseline. Et puis on jette des fleurs; on tapisse les maisons, on tire des boîtes, on fait de la musique, il y a des soldats; ensuite monsieur le maire, le juge, tous en costume. Oh! que c'est joli! que c'est amusant!

— Mais je croyais que la religion était une chose sérieuse?

— Oh ! vous êtes un hérétique !

— N'en parlons plus ; surtout ne nous fâchons pas. Tenez, lisez ce petit livre : *Les plaisirs du Dimanche*.

— Non, je ne veux pas vous en priver.

— Vous ne me privez de rien, je vais lire ma Bible; prenez ce traité.

— Non.

— Pourquoi ?

— Je ne sais pas lire.

— Eh bien ! je vous le lirai. Mais allons là-bas, nous serons plus tranquilles.

Puisqu'ils s'éloignent, revenons à notre panorama. A côté de l'église, une ruine de château, une vaste tour découronnée, qui se voit de toutes parts, et qui n'aurait besoin que d'une lanterne pour être un phare des plus utiles. Cette tour domine tout : la ville, les villas, la mer, les collines mêmes où se trouvent les châteaux d'alentour. Au bas de la tour se trouve la vieille ville de Cannes, qu'heureusement nous ne voyons que de loin. De près c'est un ensemble de rues étroites, tortueuses, mal pavées, odorantes, inclinées, vrais casse-cou !

Quel contraste avec cet air si pur, ce soleil si brillant, cette mer tellement unie, ce ciel bleu, ces champs de fleurs et ces arbres toujours verts ! Il semble, en vérité, que les hommes se soient efforcés de fuir les modèles de grâce, d'ordre, de propreté que leur donne la nature ! Si le goût du beau leur manque, leur nez du moins devrait faire sentir à ces gens-là que l'air de leur demeure n'est pas celui des champs, que les débris jetés dans leurs rues ne valent pas la poussière du grand chemin. La vague lave le rivage, le vent balaye les rochers ; mais vous, malheureux, vous ne lavez rien ! ne balayez rien ! Tout reste là. Il semble que vous ayez peur de l'eau, de l'air et du soleil ! J'avoue que quelquefois, en traversant vos rues, j'ai desiré que la mer poussât si fortement ses ondes qu'elles vinssent laver vos maisons, nettoyer vos pavés, récurer vos meubles, rincer votre vaisselle. La mer n'y suffirait pas ; le lendemain tout reprendrait l'aspect de ci-devant. Un incendie lui-même n'y ferait rien, on rebâtirait sur le même modèle, dans le même désordre. Ce qu'il faudrait changer, c'est le cœur du constructeur. Aussi longtemps que l'amour de l'ordre, de la propreté ne sera pas à l'intérieur, il ne se produira pas au dehors; et ce goût lui-même ne viendra qu'à la suite d'un goût supérieur, celui du beau moral, celui de la sainteté.

Cependant le croiriez-vous? nous sommes dans la ville des fleurs, des parfums, de l'eau de Cologne et du savon! Les champs sont ici couverts de roses, de violettes, de jasmins. Quand je dis *couvert*, je ne veux pas dire bordé, embelli; quand je dis couvert, je veux dire couvert. Nous avons des champs de roses comme vous avez des champs de raves. Sur les orangers même on sacrifie le fruit pour cueillir la fleur; or comme toutes les fleurs n'éclosent pas à la même époque, leur odeur parfume nos promenades pendant plusieurs mois de l'année. D'ailleurs nous avons autour de nous des distilleries d'eaux de senteur, des fabriques de pommade à la rose, au jasmin, à la violette suffisantes pour parfumer tout le genre humain. Si le tout ne se confectionne pas à Cannes, si même la plus grande partie se manipule à Grasse, cependant tout s'embarque ici, et nous avons parfois des milliers de caisses de parfums sur le quai et sur les bâtiments partant pour tous les boudoirs de l'univers !

L'autre jour, dans un de ces immenses laboratoires où je voyais bouillir des roses par quintaux mêlées à des graisses de porc ; des femmes, armées d'un long bâton, faire tourner dans de vastes chaudières cette lessive de fleurs, et des hommes mettre sous presse cette pâte de saindoux et de violettes, je dis au propriétaire :

Si nos dames savaient comment vous manipulez tout cela, elles ne se soucieraient guère de frotter leurs petits doigts et d'oindre leur belle chevelure de cambouis bouilli dans un chaudron, pétri à coups de pied et de bâton, que vous décorez du nom de pommades parfumées ?

— Erreur, me dit-il, ces dames tiennent si fort à sentir bon qu'elles surmonteraient toutes leurs répugnanees pour répandre autour d'elles un doux parfum ; et pour preuve je vous apprendrai que plusieurs d'entre elles font leurs pommades elles-mêmes. Soyez sûr que la vanité est plus forte que tous les dégoûts pour toutes les graisses du monde ! Voulez-vous une mesure de cette vanité ? Écoutez : La ville de Grasse est, proportion gardée, la ville la plus riche de France ; nous avons ici bien des millionnaires. Or, savez-vous comment ils ont gagné ces millions ? En faisant des pommades et des parfums. Voulez-vous un autre signe de la valeur que ces dames mettent à nos brimborions ? Sachez que nous vendions il n'y a que peu d'années l'essence de rose *deux mille cinq cents francs le kilo !* à peu près le prix actuel de l'or ! Je vous dis que si l'on pouvait fondre le diamant en pommade on trouverait des acheteurs, des acheteuses du moins qui veulent à tout prix sentir bon !

Je m'inclinai, et je me dis intérieurement : voilà un parfumeur philosophe qui connaît bien le cœur humain. Mais alors me vint une autre réflexion : là-bas on reste dans la crasse par pa-

sse, ici l'on se plonge dans les parfums par va-
té. Des deux, lequel est le plus moral et le
us saint? Hélas! ici comme là-bas on a besoin
un cœur régénéré. Jusque-là la femme gardera
ur sa tête l'huile odoriférante au lieu d'en
iser le vase d'albâtre aux pieds de Jésus-Christ.
Mais je reviens à mon balcon. Notre regard
; dirigé vers la ville. Si j'avais un peu plus les
ûts d'un antiquaire, je pourrais à cette occa-
on vous dire que nous sommes ici au centre
un ancien monde romain. A notre droite Fré-
;, abréviation de *forum Julii*, bâti par Jules
sar, avec son port comblé, ses arènes détruites,
n aqueduc en ruines; à notre gauche Antibes,
rruption de *Antipolis*, où se trouvent des restes
nains, moins considérables, mais plus nom-
eux; tels que des inscriptions. Deux épitaphes
ont frappé. La première est celle du jeune Sep-
ntrio, mort à l'âge de douze ans, pleuré par la
le entière. Les trois cyprès gravés sur la
rre sépulcrale sont les signes de cette pro-
ide douleur. Et quelles étaient les vertus qui,
ez cet adolescent, avaient gagné tous les

cœurs ? Quels charmes avaient en deux jours fait du jeune étranger le bien-aimé de toute une population ? L'inscription le dit. L'adorable Septentrio

SALTAVIT ET PLACUIT !

« Il dansa et il plut ! » D'après l'ensemble de l'inscription [1] on peut supposer que Septentrio était un jeune saltimbanque ambulant; à son passage à Antipolis il fit sur le théâtre des cabrioles qui charmèrent les spectateurs, et comme il mourut de fatigue, la foule reconnaissante éleva ce mausolée en son honneur. SALTAVIT ET PLACUIT, il sauta et il plut ! Quelle frivolité ! Quel vide de cœur, quelle absence du sens moral ! Comme on reconnaît bien là le peuple matérialiste qui devait bientôt s'ensevelir lui-même sous les ruines de ses théâtres, de ces jeux de gla-

[1] La voici tout entière :

D. M.
PVERI SEPTENTRIONIS ANNOR. XII QVI ANTIPOLI IN THEATRO
BIDVO SALTAVIT ET PLACVIT.

diateurs et mettre sa gloire à se bien draper en mourant !

La seconde inscription porte le nom de *Borysthène*. Évidemment ce n'est pas le fleuve de ce nom qui fut enseveli à Antibes. Ce ne peut être que le bien-aimé de l'empereur Adrien. Mort dans cette ville au passage du monarque romain, Borysthène aura sans doute été mis en terre solennellement par les autorités locales, désireuses de plaire au César. On lui a élevé une tombe de marbre, et sur ce marbre on a porté son nom glorieux à notre postérité.

Or voulez-vous savoir qui était Borysthène, enseveli, honoré, gravé sur marbre et conservé à notre vénération? Borysthène était le cheval d'Adrien ! Digne pendant de *saltavit et placuit !* Je ne voudrais pas affirmer que ce soit bien ici que cette honorable bête fut enterrée. Mais ce qu'il y a de certain, c'est qu'ici où ailleurs l'empereur Adrien fit ériger un tombeau à son cheval, orna son sépulcre d'une colonne et prit la peine de composer lui-même son épitaphe ! Eh ! pourquoi pas à une telle époque ? Ne pouvait-on pas dire de la bête comme de l'enfant : *saltavit et placuit ?* Oh ! quel abaissement de l'homme dans cette exaltation de la brute ! Combien nous devons être reconnaissant à Christ qui vint alors remettre tout à sa place : nous rendre l'âme que le paganisme avait tuée, et renvoyer dans nos étables les animaux que la grossièreté des mœurs avait divinisés !

La mélancolique histoire de Septentrio m'en rappelle une autre par contraste. Il s'agit aussi d'un enfant étranger qui plut en passant et dont l'amabilité fut tout autrement récompensée. Cet enfant vit encore et je vais vous le faire connaître.

Dans une visite que je fis l'été dernier aux Highlands d'Écosse et sur le bord d'un de ces lacs rendus célèbres par Walter Scott, je rencontrai au milieu de la solitude que crée un jour de pluie un jeune enfant de quatre à cinq ans. Il était pieds nus, jambes nues, bras nus, debout dans la boue. Je m'approchai de lui pour le consoler ; il me reçut en souriant. Son costume était aussi simple que sa petite personne.

Une robe rouge, courte de manches, courte de jupe, étroite de corsage. Les bras et les jambes de l'enfant étaient si rouges qu'ils semblaient continuer le vêtement. Était-ce le froid? Je le crus d'abord en sentant l'air humide pénétrer jusque sous mon manteau. Mais l'enfant me paraissait si heureux que je préférai ensuite supposer que c'était là le rose de la santé. Comme il me regardait toujours, je lui pris la main et lui dis :

— Qui es-tu?

— William.

— Que fais-tu là?

— Rien.

— Où est ta mère?

— Là-bas.

— Et votre maison?

— Nous n'en n'avons point.

— Où couchez-vous?

— Dans les fermes.

— Et comment payez-vous?

— Nous ne payons pas, nous dormons sur la paille.

— Mais quel est votre travail ?

— Oh ! nous ne travaillons pas.

— Et que mangez-vous ?

— Ce qu'on nous donne.

Evidemment j'avais affaire à un mendiant, mais à coup sûr, à un mendiant qui ne savait pas l'être ; il était si content, si radieux, si franc, si simple; en un mot il avait quelque chose de tellement aimable qu'il me gagna le cœur.

— Connais-tu le bon Dieu? lui dis-je.

L'enfant prit tout à coup un air sérieux et me dit :

— Oh ! oui.

— Où est-il ?

— Là-haut avec un chariot et des chevaux. (Une heure avant la foudre avait éclaté avec fracas dans les montagnes.)

— L'aimes-tu ?

— Oui.

— Sais-tu qu'il a fait le ciel et la terre ?

— Oui, il a aussi fait l'éclair.

— A quoi sert cette petite poche devant ta robe?

— J'y mets les sous.

— Et si je te donne un sou, qu'en feras-tu?

— Je le donnerai à ma mère.

Je m'aperçois en essayant de rendre cette conversation que je ne donne aucune idée de la naïveté et de l'intelligence qui me frappèrent chez cet enfant; toutefois je dois continuer.

— Veux-tu aller à l'école? lui dis-je.

— Oh! oui. Une dame qui a passé ici a dit à ma mère qu'elle ferait entrer ma sœur à l'école déguenillée.

— Veux-tu y aller aussi?

— Ah! oui.

Je continuai ma route me demandant ce que je pourrais faire pour cette pauvre créature encore trop jeune pour être corrompue par cette vie vagabonde, mais qui risquait de perdre bientôt son innocence. J'en parlais encore avec ma femme qui m'accompagnait, lorsque nous entendîmes le petit rieur fondre en larmes et crier :

« Ma mère, ma mère ! » Je me mis de la partie, je criai, je cherchai avec lui ; après l'avoir conduit dans une ferme et à travers champs, nous aperçûmes enfin une femme qui se sauvait à notre approche ; nous courûmes plus vite qu'elle et l'atteignîmes. Je la questionnai et je compris que, la mendicité étant interdite, elle envoyait son fils à la rencontre des voyageurs, non pour en rien solliciter, mais pour se montrer, comptant sur la candeur et l'ignorance même de l'enfant pour toucher les cœurs. Aussi le petit garçon m'avait-il dit : Oh ! ma mère a une bonne *tapée* de shillings ! Je proposai à la mère de m'occuper de son fils et de le faire entrer à l'école. Elle y consentit avec empressement et, tirant de dessous sa robe un chiffon pendu et noué, elle me dit :

— Voyez : voilà toute ma fortune. Eh bien ! je donnerai tous ces shillings pour habiller l'enfant si vous le faites entrer à l'école.

— Déguenillée, déguenillée, ajouta le marmot perché comme un singe sur le dos de sa mère.

— Bien, leur dis-je ; donnez-moi votre adresse et je m'occuperai de vous.

Arrivé à Glasgow, je racontai le tout à un ami qui promit de me seconder. J'écrivis au pasteur de la paroisse des Trosachs ; l'enfant fit le voyage aux frais de sa mère ; il est aujourd'hui à l'école, et mon ami, auprès duquel je me suis porté garant de la dépense, s'il ne pouvait pas être reçu gratuitement, m'écrit ce qui suit :

177, West Regent Street
Glasgow, 4 décembre 1857.

Mon cher ami,

La cause du long retard de ma réponse à votre lettre est que la femme Mac-Ginty et son enfant William auquel vous avez pris un si profond intérêt, ne me sont arrivés qu'il y a peu de jours. J'ai eu plus de difficultés que je n'en attendais dans cette affaire. J'avais espéré faire admettre gratuitement le petit garçon dans quelque institution ; mais je n'y ai pas réussi. J'ai consulté un magistrat et le chef de la police ; comme l'enfant n'appartenait pas à Glasgow et qu'on ne l'a pas trouvé mendiant dans les rues, on ne pouvait se prévaloir d'aucune loi pour le ramasser. La seule chose qui me restait à faire était de le mener à l'école déguenillée, où il sera entretenu et instruit.

Je crains que vous ne trouviez la dépense trop grande, mais je n'avais point d'alternative. Je ne pouvais pas renvoyer l'enfant à sa vie vagabonde, où il aurait grandi dans une ignorance complète, et j'étais sûr que vous seriez peiné si pour quelques livres que vous aurez à payer je me permettais d'entraver votre projet. Je me suis donc porté garant pour la somme de trois shillings par semaine, pour la pension de William ; c'est-à-dire 195 francs par an. J'espère trouver un moyen de le soutenir sans vous occasionner une si grande dépense pour les années suivantes. En attendant, telle est la condition à laquelle William a été admis. J'espère que vous rencontrerez quelques personnes qui vous aideront dans cette bonne œuvre.

Veuillez me croire, votre bien dévoué.

A. Watson.

Je suis sûr, ami lecteur, que votre cœur a deviné pourquoi je vous ai donné l'histoire de William et l'adresse de son pasteur. Oui, j'ai voulu vous intéresser à cet enfant et vous fournir l'occasion de lui faire du bien. Il ne s'agit pas de lui élever un mausolée, mais de le soutenir dans une école déguenillée. Ramassez donc quelques francs et les envoyez à M. le révérend Watson, 177, West Regent Street, à Glasgow, avec prière de payer l'écolage de William Mac-Ginty. Et surtout ne vous reposez pas sur d'autres lecteurs pour faire ce que je vous recommande, car les autres comptent sur vous comme vous comptez sur eux. Prenez garde qu'on ne puisse pas un jour écrire sur la tombe de William : Des milliers d'enfants furent invités à le faire instruire à l'école ; et ils l'envoyèrent mendier sur le grand chemin ! Beaucoup ont été appelés et pas un d'eux n'a répondu !

Mais je retourne à mon balcon.

Chose étrange ! c'est en face de la mer que j'écris ces lignes ; je suis là dix heures par jour ; j'y suis depuis des semaines et des mois, j'admire cette mer sans jamais m'en lasser, et cependant c'est à peine si je vous en ai parlé.

C'est qu'à vrai dire, chaque fois que la pensée me vient de décrire ce spectacle magnifique, je sens si vivement mon impuissance que je n'ose plus l'essayer. Cette surface unie comme le ciel, bleue comme l'azur, infinie comme l'éternité, miroitant au soleil, veinée de lames d'argent, en face bordée de verdure ; encadrée de montagnes à droite, de deux îles à gauche, d'une brume légère à l'horizon, égayée de quelques voiles blanches de pêcheurs, tout cela fascine le regard, verse le calme dans l'âme ; mais tout cela ne se reproduit pas à coups de plume, avec de l'encre noir, sur un papier blanc ! D'autres l'ont tenté, et ils m'ont ennuyé. Voudriez-vous donc me condamner à vous ennuyer aussi ? A quoi comparer ce que je vois, pour vous en donner une juste idée ? Je le déclare, je n'en sais rien... à moins de m'y prendre comme les deux personnes dont je vais vous parler.

L'hiver dernier, un ami suisse vint nous visiter. Je le conduisis sur la colline d'où la vue de la mer, de l'Estérel et des îles Lérins est magnifique. Quand il eut bien regardé, faisant un effort pour trouver un terme de comparaison à la hauteur de tant de beautés : « Tenez, me dit-il, cela ressemble à s'y méprendre à notre lac Léman. Cette côte montagneuse c'est la Savoie ; les îles c'est le Jura ; cette brume bornant l'horizon simule très-bien le fond du lac enveloppé de brouillards.... »

Et la Méditerranée dut tenir à honneur d'être comparée au lac de Genève ! J'en fus presque froissé pour elle.... Pour elle ou pour moi ? Hélas ! mon ami parlait de *son* pays, et j'étais dans le *mien*.

La seconde personne dont je veux mentionner l'opinion est une dame écossaise qui, certes, ne manque pas d'admiration pour Cannes, puisqu'à son sujet elle a publié un magnifique volume [1] où elle dit : « Cannes le plus aimable lieu de tous les lieux aimables !... Son atmosphère

[1] Letters from Cannes and Nice by Margaret-Maria Brewster. Edinburgh, 1857.

est si délicieuse qu'à chaque bouffée d'air que je respire je crois boire un verre de champagne [1] ! »

Eh bien! miss Brewster, si abondante en éloges pour Cannes, croit faire un grand honneur à nos montagnes en les comparant à celles d'Ecosse! Oh! amour de la patrie, que tu es une heureuse invention!

Et moi donc qui n'avais pensé en face de l'Estérel ni au Jura ni aux Highlands, mais à mes Cévennes! Règle générale : Tenez-vous pour satisfait quand quelqu'un vous compare à ce qui le touche de près; fût-ce à son chien ou à son chat; car le chat ou le chien de chacun est à ses yeux le plus beau chat et le plus beau chien du monde.

Mais j'en reviens à *ma* mer que je ne puis pas plus longtemps retarder de vous dépeindre.

Ma mer est une grande dame qui change de toilette tous les jours. Hier en robe bleu-clair, elle est en robe vert-foncé aujourd'hui. Hier

[1] Cannes is the loveliest of all lovely places (page 30)..... It seems as if at every inhalation one were drinking champagne (page 31).

un petit liseré blanc terminait son vêtement, tombant mou, sans pli, immobile; aujourd'hui c'est une large bordure, un volant d'argent écumeux soulevé par le mistral. Hier la robe de mousseline ne faisait aucun bruit; aujourd'hui la robe de soie froisse ses plis comme pour annoncer la présence de sa maîtresse pour dire à l'admirateur de trop près : Laissez-moi passer!

Mais je demande pardon à la mer de l'avoir humiliée par ma comparaison. Elle ne ressemble à personne; elle n'a d'égale qu'elle-même, et mon désespoir c'est de ne pouvoir la mettre en parallèle avec rien pour la faire mieux connaître et aimer.

Qu'est-ce qui me plaît en elle? Voilà ce que je voudrais analyser. D'abord son immensité. J'apprécie peu tout ce qui finit dans l'espace, parce que j'ai peur de tout ce qui finit dans le temps. L'image de l'éternité, voilà donc avant tout ce qui me plaît dans l'Océan.

Ensuite sa grande variété d'aspects. Il y a

là toujours du nouveau, pour me charmer. Est-ce inconstance? Non, c'est amour de la science; il semble que chaque nouvel aspect de la mer, comme chaque plante, montagne, ou insecte va me révéler un secret jusque-là inconnu. Illusion sans doute; mais illusion qui ne manifeste que mieux cette soif de savoir.

Enfin, ce qui me plaît dans la mer c'est le mouvement, signe de vie. La plus haute montagne, l'étoile la plus brillante, toutes deux immobiles, finissent par fatiguer mon admiration. Pour aimer le globe de notre terre, j'ai besoin de me le représenter parcourant son orbite dans l'espace et pivotant sur lui-même. La masse inerte me déplaît, l'insecte tourbillonnant m'intéresse. Oui, le mouvement, image de la vie, voilà ce qui parle à mon âme dans ces flots sans cesse agités.

Ainsi vie, intelligence, éternité, voilà ce que me dit la mer, et voilà les mots que j'aime entendre. N'éveillent-ils pas un écho profond dans la nature humaine? ne sont-ils pas l'indice de notre supériorité sur tous les êtres d'ici-bas? Ne nous parlent-ils pas de notre origine divine et de notre avenir sans fin ? Oui, voilà l'énigme de cet amour pour la mer, infinie, mobile et variée, c'est qu'elle est l'image de l'existence, du savoir et de l'éternité.

Et son rivage, que de jouissances ne me donne-t-il pas ? Là couché sur un sable fin et chaud qui guérit les rhumatismes mieux que les eaux des Pyrénées ou des Vosges, je contemple avec délices la plaine mobile dont les innocentes vagues viennent me caresser les pieds. Je dis caresser, car ce n'est plus ici la marée de l'Océan, vous trompant sans cesse, en vous fuyant le matin et vous envahissant le soir, si bien que pour rester au bord vous êtes continuellement obligé de changer de place. Non, ici vous pouvez vous asseoir, rester immobile, vous endormir pour des heures et vous réveiller juste au bord de l'eau. Et cependant quelle variété dans ces vagues expirantes ! il n'y en a pas deux parfaitement semblables ; deux, trois se succèdent, plissant à peine la surface des eaux ; il semble que la suivante n'aura pas la force de monter et que le mouvement va finir. Cependant une quatrième venant de loin, forte, grossissante, rapide pousse jusqu'à vos pieds, se retire vous laissant son écume expirante, et les vagues molles, faibles, lentes reprennent leur tour.

Ce qui m'intéresse et m'instruit sans me fatiguer dans ces instants de contemplation, ce sont ces débris variés que, sans les chercher, je ramasse sur le rivage. Là, étendu, sans changer de place, sans faire un mouvement, sans jeter un regard, je laisse tomber ma main à l'aventure; je saisis une poignée de sable et j'apporte sous mes yeux un monceau de merveilles; oui de merveilles : un coquillage en forme de spirale, — des paillettes de mica, — des fragments de nacre, — et des parcelles de charbon. Ces débris de bois carbonisés parlent surtout à mon imagination; j'y vois les épaves de ces navires incendiés dont nos journaux nous racontent le naufrage. Il n'y a peut-être que quelques jours, me dis-je, que ce charbon était une planche, protégeant des vies contre l'abîme. Le débris du navire est encore là, mais où sont ces vies? Décidément je ne veux pas être marin.

L'autre jour, la main pleine de ces coquillages variés et brillants, je disais à mon compagnon de promenade assis à mon côté sur le rivage :

— Quelle variété Dieu a mise dans ses créations !

— Oui, me dit-il, la Nature est infiniment diverse.

Je laissai tomber la conversation. Un instant plus tard, présentant à mon voisin un de ces coquillages délicats, je lui dis :

— Quelle richesse d'ornements Dieu a répandue sur la demeure d'un petit être !

— Oui, me dit-il, la Nature est prodigue de ses dons.

Moi qui voulais en venir à mon but, je dus encore laisser tomber l'entretien. Mais enfin, reprenant courage, je présentai à mon interlocuteur une espèce de gelée blanche, transparente comme le cristal. Comme un gant donne la forme de la main, cette demeure vide donnait la forme de l'être qui l'avait habité. C'est le cas de dire, ce n'était ni chair ni poisson, encore bien moins ni bois, ni pierre. C'était je ne sais quoi de propre, brillant, gracieux, sans vie; mais comme prêt à s'animer. C'était la forme d'un être complet, mais seulement la forme; c'était.... je vous le répète, c'était je ne sais quoi. J'avais donc un droit légitime de le montrer à mon compagnon; je le fis en lui disant :

— Dieu ne semble-t-il pas vouloir confondre notre sagesse, défier notre science en créant des êtres tellement étranges?

— Oui, me dit-il, la Nature affecte des formes capricieuses, bizarres....

La Nature, la Nature et toujours la Nature, repris-je enfin; voudriez-vous bien me dire ce que c'est que la Nature? Est-ce quelqu'un ou bien n'est-ce personne? Est-ce un être ou un objet? Un créateur intelligent ou une matière sourde, aveugle, sans esprit et sans cœur?

— La Nature, me répondit-il, c'est la Nature; c'est l'ensemble des forces intimes qui animent l'univers.

— Oh! je vous en prie, ne nous payons pas

de mots. Je vous demande si votre Nature est une personne ou non? Un être vivant, intelligent, voulant ou non? Enfin est-ce une bûche, un animal, ou un Dieu?

— Je vous le répète, c'est l'ensemble des lois qui régissent l'Univers. Voilà la Nature.

— C'est-à-dire qu'une loi, une règle, un phénomène c'est la Nature?

— Précisément!

— Mais cette loi, qui l'a votée? Cette règle, qui l'a posée? Ce phénomène, qui l'a produit?

— Je vous le répète, c'est la Nature?

— En sorte que c'est la Nature qui a fait la Nature?...

— Oui, indéfiniment, sans commencement et sans fin.

— Et vous appelez cela une explication? Permettez-moi de vous faire remarquer que votre explication n'explique rien. Au contraire elle élude la question. Tout votre discours revient à dire : Ce qui est a toujours été et sera toujours. Pourquoi et comment? Vous ne le dites pas. A vous permis sans doute de penser ainsi;

mais alors ne dites plus : La Nature varie ses créations; la Nature prodigue ses dons; la Nature est pleine de sagesse et de bonté ; car il n'y a ni puissance, ni sagesse, ni bonté dans ce qui n'a pas de volonté, dans ce qui reste inerte, inconscient, machinal.... que dis-je, machinal ? Une machine suppose un auteur; votre Nature ne suppose aucun mécanicien ; elle est parce qu'elle est; c'est un long fil suspendu dans l'abîme du passé, tombant dans le gouffre de l'avenir, et quoi que puisse être votre Nature, avouez que nous n'en connaissons rien ; à moins que vous n'appeliez connaître, compter les pétales d'une fleur, les gaz d'un liquide, les étoiles des cieux.

— Et vous qui nommez Dieu au lieu de la Nature, connaissez-vous mieux que moi?

— Non sans doute, mais je raisonne plus juste.

— Comment ?

— Je dis : Je trouve en moi la notion d'ordre qui suppose une intelligence et une volonté. A cette notion d'ordre déposée dans mon être correspond un arrangement admirable dans l'univers, tellement admirable que je ne puis, sans blesser mon sens intime, m'empêcher de dire : Cette harmonie universelle a dû être établie par un être intelligent, ayant une volonté et une incommensurable puissance. C'est donc un être vivant, une personne réelle, distincte de son œuvre. Le Créateur de l'univers est donc mon créateur, mon maître, mon ami, et à ces titres je lui dois amour et obéissance....

— Obéissance, obéissance....

— Oh! je comprends; voilà le mot qui vous déplaît. Eh bien! je vous dirai franchement toute ma pensée : c'est précisément parce que l'obéissance de l'homme est une suite forcée de l'existance de Dieu que vous et beaucoup d'autres aimez mieux parler de la Nature qui n'est ni un être, ni une personne, ni un Dieu, et qui dès lors n'exige rien !

Mon compagnon n'était pas content. Quant à moi, la conscience déchargée, je me retirai satisfait.

De mon Balcon.

Paris, Grassart, éditeur.

III

Combien il est gênant de porter sceptre et couronne à table et au lit. — Napoléon Ier débarquant à Cannes. — Réception prudente. — On se prépare à crier avec le même enthousiasme vive le roi ! ou vive l'empereur ! — L'île Sainte-Marguerite. — Les Bédouins magnanimes. — Leur économie exemplaire. — Un paroissien invitant son curé à dîner en ami ; le curé lui rendant la pareille. — Qui veut être roi doit aller en prison. — L'île Saint-Honorat, ses pirates, ses moines, ses Sarrasins et son monastère forteresse. — Deux naïvetés de notre batelier. — Le mauvais plaisant corrigé.

Il est difficile d'être à Cannes, et surtout sur mon balcon, sans penser à Napoléon Ier. En effet, d'ici l'on peut voir et toucher en quelques heures son berceau, son trône et sa tombe! Son berceau, c'est l'île de Corse que vous apercevez là-bas dans la direction du soleil levant... Le marchepied de son trône est là derrière l'Estérel, c'est Fréjus où il débarqua venant d'Égypte pour aller se faire couronner à Paris. Le bord de sa tombe, c'est Cannes d'où il partit pour aller, en passant par la France, quelques mois après, à Sainte-Helène où il devait bientôt mourir. Laissons le berceau et le trône qui n'appartiennent pas à notre localité pour ne parler que du bord de la tombe, le point de débarquement que vous voyez là-bas près de la Croisette. D'ailleurs les descriptions de batailles, de revues, de fêtes me fatiguent tellement les oreilles, l'esprit et le cœur, que je suis bien aise de n'avoir à vous raconter que des scènes paisibles. On dit que ce héros lui-même, revenu après son sacre, de Notre-Dame, aux Tuileries, où il se trouvait délivré de l'étiquitte et de la foule, arracha son habit couvert de pierreries et le jeta au loin pour jouir enfin d'un peu de liberté. On raconte aussi qu'à la Malmaison, près de Paris, il se plaisait à jouer avec sa femme et ses amis une partie de barres. Vous voyez donc que les monarques se fatiguent eux-mêmes sur les échasses de la grandeur, et s'estiment heureux de pouvoir par moment en descendre. Un jour une petite fille me dit :

— Ce doit être bien gênant que d'être roi !

— Pourquoi ? répondis-je.

— Parce que tous les portraits de rois que je rencontre ont toujours sceptre et couronne ; même dans le jeu de cartes je vois les rois de trèfle, de pique, de cœur et de carreau surmontés d'un cercle de fer. Quand on les représente sur un trône, c'est avec un diadème en guise de chapeau. Devant leurs armées ils tiennent un bâton au lieu d'épée. Jusque dans les fêtes, assis à table, j'ai vu Nébucatnetzar porter son sceptre de la main dont je tiens ma fourchette. Je pense qu'ils vont aussi se coucher une couronne sur la tête, et cela doit leur faire mal sur l'oreiller, surtout s'ils gardent le sceptre à leur côté dans leur lit.

Je suis donc bien aise d'avoir à parler de Napoléon dans un moment de sa vie plus naturel, plus simple, pour ne pas exposer mes jeunes lecteurs à toutes ces fausses idées.

P. S. J'arrive à l'instant de Cannes, où je suis allé faire une visite à l'habitant que je supposais le mieux en état, par son âge comme par sa position sociale, de me donner quelques renseignements authentiques sur le passage de l'Empereur dans ces contrées, en 1815.

— Vous ne pouviez pas mieux vous adresser, m'a dit cette personne digne de foi, car j'ai moi-même été témoin de tout ce qui s'est passé, et le maire de Cannes de cette époque était de mes parents. Voici ce dont je me souviens.

Dans l'après-midi du 1er mars, nous apprenons à Cannes, à notre grand étonnement, que Napoléon est débarqué le matin entre onze heures et midi au golfe Jouan, à vingt-cinq minutes d'ici ; qu'il est là bivouaquant avec huit cents grenadiers de la vieille garde et cent cinquante jeunes volontaires corses, tous venus de l'île d'Elbe sur deux bâtiments. Dès qu'ils eurent mis pied à terre, ils posèrent des sentinelles sur la route pour entraver la circulation. En même temps, vingt-cinq soldats et quatre officiers furent détachés de cette petite armée et envoyés à Antibes, demi-lieue plus loin, pour sommer la ville de se rendre à l'Empereur. Le commandant de la place était absent ; il était allé (peut-être par précaution) passer une inspection à l'île Sainte-Marguerite. Les autorités d'Antibes, ne voulant pas non plus se compromettre, firent fermer les portes de la ville et gardèrent les vingt-neuf hommes prisonniers. Quand on vint rendre compte de cette expédition à l'Empereur, il répliqua vivement : « Cunéo n'était donc pas là ? » Cunéo était le commandant de la place d'Antibes ; et ce mot échappé à Napoléon ferait croire qu'il avait compté sur son ancien serviteur, et que celui-ci, pour livrer la place sans se compromettre, serait allé passer une inspection aux îles le jour même où son maître devait se présenter sur le continent.

L'Empereur avait envoyé à Cannes un détachement de trente soldats et de quelques officiers, parmi lesquels trois généraux. Un d'eux se présente à l'Hôtel de Ville. Quand le maire, alors absent, fut de retour, le général lui donna l'ordre de se rendre auprès de Napoléon son maître. Le maire s'y refusa, alléguant son serment de fidélité au roi, tout en offrant ses services à l'Empereur.

— Bien, dit le général, je vous estime pour votre refus lui-même. Procurez-nous quatre mille rations. Pour neuf cent cinquante hommes, c'était trop ; mais voulant faire croire à une forte armée, on demandait beaucoup de vivres.

Dans la soirée, l'Empereur et son armée vinrent camper à l'entrée de Cannes sur une place formée par les sables de la mer. Là, Napoléon et ses généraux étaient enveloppés d'un carré, dont trois côtés étaient formés de soldats, et le quatrième de curieux accourus pour voir l'homme qui, pendant vingt ans, avait agité le monde entier. Je dis des curieux sans enthousiasme, mais aussi sans colère, du moins apparente. Cannes avait souffert sous l'Empire, soit des pirates anglais, soit du blocus. Son accueil au monarque détrôné de retour fut donc calme, réservé, prudent.

Comme les sentinelles voulaient faire éloigner

cette foule, l'Empereur dit plusieurs fois : « Non, laissez-les approcher. » Et s'adressant aux habitants eux-mêmes, il les interpellait tour à tour : « Avez-vous servi? Êtes-vous père de famille? » Mais la conversation était bientôt finie, et Napoléon reprenait sa promenade incessante dans le carré. Il demanda une chaise; la chaise fut apportée, et l'Empereur continua sa méditation ambulante sans faire un seul instant usage du siége apporté.

Pendant cette promenade silencieuse, peut-être soucieuse, quelques conversations s'établirent entre les soldats et les paysans; entre les officiers et les bourgeois. Ces derniers voulaient connaître le plan de campagne qu'on se proposait de suivre; ils avaient la bonhomie de s'enquérir auprès des chefs qui tous n'avaient qu'une réponse : « Le 20 nous serons à Paris. »

De leur côté, les grenadiers causaient avec le peuple.

— Est-ce que vous ne me reconnaissez pas? disait un soldat à un groupe de la foule.

— Non.

— Ne vous rappelez-vous pas des capucins venus, il y a quelque temps, mendier pour leur couvent dans vos contrées ?

— Oui.

— Eh bien ! ces capucins, c'étaient nous, grenadiers.

— Comment ?

— Oui, nous venions prendre l'air du pays et sonder les dispositions. Notre couvent, c'était l'île d'Elbe ; le général de notre ordre, c'était l'Empereur !

Par une rencontre fortuite, en même temps que Napoléon arrivait ici se dirigeant sur Paris, un de ses anciens chambellans, le prince de Monaco, se trouvait à Cannes, se dirigeant sur sa principauté. L'Empereur, informé de la coïncidence, fit mander le prince près de lui. L'ex-chambellan fit grande toilette, culotte blanche et courte, bien qu'il fît froid, mais parce qu'il voulait paraître de son mieux, en costume de cour. Il arrive donc auprès du monarque, se présente le chapeau bas et entre en conversation. L'entretien fut réservé, toujours prudent. Le prince dit qu'il se rendait à Monaco ; l'Empereur lui offrit de l'emmener à Paris. Le premier déclina cet honneur, et préféra s'en tenir à sa principauté.

— Eh bien ! dit Napoléon en le quittant, allez vous installer dans vos États ; je vais prendre possession des miens.

Le prince s'inclina silencieusement et se retira. Comme César, il aimait mieux être le premier dans Monaco que le second à Paris.

La nuit s'écoulait. Vers deux heures du matin, alors que personne, ni dans la ville ni dans le camp, ne songeait au départ, l'Empereur demanda son cheval, prit le chemin de Grasse, et, suivi de quelques officiers, partit en avant-garde de son armée. Arrivé près de Grasse, il apprit que la route qu'il avait fait commencer jadis et sur laquelle il comptait alors, n'avait pas été achevée par les Bourbons. Il dut donc renoncer à passer par cette ville ; il y envoya sa voiture et les deux seules pièces de canon qu'il eût. Il continua sa marche, par les défilés des montagnes, sur Grenoble, comme tout le monde sait. Notons seulement qu'à Grasse on fut aussi prudent qu'à Cannes et qu'à Antibes; on ne mit devant l'Empereur ni secours, ni obstacle. Quand le héros fut loin, on eut l'idée d'envoyer après lui une armée de volontaires pour l'arrêter; mais le général Gazan répondit qu'il allait donner avis de l'événement à Marseille, et que de là l'on pourrait expédier des troupes plus nombreuses pour lui couper le passage. Était-ce trahison? était-ce lâcheté? Non, c'était prudence, terme moyen pour ne se compromettre ni auprès de Louis XVIII, ni auprès de Napoléon. Tout le monde se préparait ainsi à crier plus tard avec un égal enthousiasme : Vive le Roi ou vive l'Empereur!

Il est temps de vous parler enfin de ces deux îles que vous voyez là sur la gauche. Vues d'ici, sans lunette, elles semblent n'en faire qu'une; mais regardez à travers la longue-vue et vous verrez l'eau s'insinuer entre deux langues de terre. Il y a d'ici là cinq ou six kilomètres, et cependant l'atmosphère est si transparente qu'on distingue les plus petits détails. Cette vaste muraille construite sur le roc qui plonge dans la mer est celle du fort, jadis et encore moyen de défense et prison d'État. C'est là que, il y plus de 150 ans, était tenu dans un cachot le fameux Masque de Fer ; c'est là qu'aujourd'hui sont gardés une centaine d'Arabes, venus d'Algérie. J'y suis allé la semaine dernière, et voici en peu de mots ce que j'y ai vu. Les Bédouins, invariablement vêtus d'un burnous de laine, d'une chemise de coton et d'une paire de pantoufles, ni plus ni moins, étaient répandus dans la cour, les uns occupés à causer, les autres à réciter leur chapelet; ceux-ci à jouer; le plus grand nombre à ne rien faire. Ils ont une telle aversion pour le travail que lorsque le commandant du génie voulut leur faire défricher la forêt en les payant ils s'y refusèrent net et répondirent : « Nous voilà, tuez-nous si vous voulez, mais nous ne travaillerons pas. » Et depuis lors on les a laissés goûter le bonheur du lézard, celui de s'écarquiller au soleil contre un mur : combien je connais d'enfants envoyés à l'école qui voudraient être Bédouins à Sainte-Marguerite!

Cependant, en montant dans les salles, j'ai trouvé la chambre des savants, celle où quelques-uns d'entr'eux s'occupent à lire ou à copier le Coran. Je vois encore un bel homme à la physionomie sérieuse, la barbe noire, tenant à la main sa page écrite en diverses couleurs. Il ne me la présentait pas; il me permettait de la regarder. Il ne me parut pas vain de son écriture; il me semblait plutôt orgueilleux de sa personne, mais de cet orgueil qui touche à la dignité. Son linge était plus blanc et plus fin que celui de ses compagnons. Ce devait être un personnage. Je tâche de me mettre à sa place et j'avoue qu'alors j'aurais cru avoir sujet de me plaindre de mon visiteur : De quel droit, lui aurais-je dit, venez-vous me voir comme une bête curieuse dans sa cage? De quel droit me retient-on dans cette forteresse, et de quel droit enfin vos compatriotes sont-ils venus s'emparer de notre pays? Je suis ici martyr de mon patriotisme, et non coupable de révolte!

En reprenant mon rôle de visiteur, j'étais assez embarrassé pour lui répondre. Heureusement je ne sais pas l'arabe, et je profitai de ce prétexte pour ne rien dire. Mais il ne m'en est pas moins resté dans l'esprit cette pensée que c'est une étrange société que la société humaine, où tout le monde professe le grand principe de la justice, et où toutes les nations pratiquent le droit du plus fort. Ce qui est tenu pour vrai, quand il s'agit des individus, est mis de côté sans scrupule dès qu'il est question de l'État. Je vous déclare que je suis bien aise d'être un simple particulier et non pas un puissant monarque. Ma règle de conduite est beaucoup plus facile à trouver.

Quoique les Bédouins soient à Sainte-Marguerite nourris et logés bien mieux que dans leur montagnes de la Cabylie, ils n'en regrettent pas moins leur misère, au sein de la liberté du désert. Le garde du génie qui nous accompagnait dans notre promenade nous raconta qu'en effet une fois les Arabes prisonniers formèrent le projet de s'échapper. Pauvres innocents qui s'imaginaient qu'en arrivant à Cannes on ne les reconnaîtrait pas pour des Bédouins! ou qu'ils iraient dans quelques petites barques de pêcheur aborder en Afrique à 200 lieues de leur prison! Quelles illusions ne peut pas faire naître l'amour de sa patrie et de la liberté !

A l'époque de cette tentative de révolte il y avait à Sainte-Marguerite sept cents Arabes prisonniers. Quatre cents avaient ourdi le complot: il ne s'agissait de rien moins que de rompre une clôture, désarmer la garnison peu nombreuse, composée de jeunes recrues, et d'égorger les gardiens de l'île. Ainsi j'avais le triste honneur, nous dit le garde du génie, d'avoir mes assassins particuliers.

— Et comment avez-vous découvert la conspiration?

— Par les Arabes eux-mêmes. Dans le nombre il y en avait sept ou huit qui, haïs des quatre cents conspirateurs, devaient être massacrés. Ayant entendu quelques paroles, ils craignirent un succès dont ils devaient être les premières victimes, et vinrent nous dévoiler cette machination.

— Alors que fîtes-vous?

— Nous doublâmes les postes; fîmes venir du

continent cinquante grenadiers, et il ne fut plus question de rien. Un mur de pierre fut construit à la place de la cloison de planches, et depuis lors nous avons eu la paix.

Tout en causant, le garde nous conduisit dans une chambre particulière où se trouvait accroupi un Arabe à la fois homme politique, fanatique, musulman et violent compagnon. C'est un marabout, un saint de la plus dangereuse espèce; tout le monde le craint, et cependant tout le monde lui apporte des présents. A notre entrée, il continua ses prières, ses baisements de terre, comme si nous n'étions pas là. Je le soupçonne même d'avoir redoublé d'ardeur en nous voyant. Combien j'aurais aimé parler arabe pour sonder cette piété musulmane! J'essayai d'entrer en conversation mimique avec lui, mais il ne répondit rien. Je lui montrais le ciel en prononçant allah, allah! ce qui m'avait bien réussi une autre fois [1]; mais je n'obtins pour réponse qu'un son guttural her, her (bien, bien), et il continua.

[1] Voyez l'*Illustration de la Jeunesse*, tome I, p. 68.

Enfin je déployai tout mon savoir dans sa langue et lui dis : Comment te portes-tu? comment vas-tu?

Il continua ses simagrées et ne tint plus aucun compte ni de moi ni de mes compagnons. C'était me dire à sa façon comme le premier : « De quel droit venir me voir et m'ennuyer? » Ce qui ne m'empêcha pas de le croire bien aise d'avoir été ennuyé pour avoir le plaisir de me le faire sentir.

Vous voyez qu'il y a des Bédouins dans tous les pays !

Nous continuâmes à parcourir les chambres à coucher et la cuisine ; car il n'y a là pas autre chose. Bien plus, ou plutôt bien moins : dans ces chambres à coucher, il n'y a pas d'autres meubles que des lits. Des chaises point, on s'accroupit par terre ; des garde-robe point, on porte tous ses vêtements sur soi, été comme hiver ; point de table, on écrit, on lit, on fait tout sur ses genoux, les jambes croisées en tailleur ; point de glace, car point de toilette. Enfin rien de plus qu'une étroite couchette contre la muraille, et une ligne de pantoufles à la porte, ce qui dispense de balayer la chambre, où l'on ne pénètre que pieds nus.

Dans la cuisine encore moins d'ameublement. Je n'ai vu là qu'une longue cheminée, sans fourneau, sans potager. Quelques pierres sur le sol, sous le manteau de la cheminée, disposées en ligne le long de la muraille, laissant assez d'espace entre chacune d'elles pour y recevoir un peu de charbon. Sur deux bords de pierre repose une casserole de terre où l'on fait cuire le couscoussou pour quatre ou cinq personnes. J'exprimai mon étonnement que les Arabes n'eussent pas une chaudière commune pour faire une unique cuisson, et s'épargner ainsi combustible et fatigue ? Mais non, même entre les Bédouins, tous en burnous, tous prisonniers, tous dans la même cuisine, on observe strictement les rangs et les distinctions. Ils se choisissent, s'associent, s'isolent, et forment ainsi vingt petites sociétés. Hélas ! si l'orgueil de la prospérité nous sépare, l'adversité de la prison devrait au moins nous rapprocher !

Quant à l'ordinaire, je vous l'ai dit : c'est du couscoussou et toujours du couscoussou ; c'est-à-dire de la farine délayée, mise en boulettes et cuite dans un pot avec je ne sais quoi, à Sainte-Marguerite ; mais partout avec de la viande, quand on en a.

Du reste dans la cuisine, mêmes ustensiles que dans les chambres à coucher, c'est-à-dire, point !

Cette supériorité de l'Arabe sur moi m'humilia profondément. Voilà des hommes qui peuvent se passer de mille brimborions qui me sont devenus indispensables. Si nous meublions nos maisons et couvrions nos personnes à la bédouine, combien ce serait plus économique ! et combien de fatigues nous nous épargnerions ! Alors il nous resterait du temps et de l'argent pour bien des objets que nous négligeons : nous aurions moins de chances de manquer nous-mêmes un jour du nécessaire, et plus de ressources pour secourir les nécessiteux. Cela ne vaut-il pas la peine d'y penser ?

Toutefois, n'allons pas pousser l'économie jusqu'à l'avarice, et nous imposer, à nous et aux nôtres, des privations qui nous rendraient ridicules, sans nous enrichir. Ceci me rappelle une histoire courte et amusante.

Un paysan avait maintes fois invité son curé à dîner, lui promettant de ne pas se mettre en frais pour le recevoir, et de le traiter à la fortune du pot, en ami. *En ami*, telle était son expression favorite. Le curé, si souvent invité, finit par accepter, et son généreux paroissien lui servit la soupe et un morceau de lard. Un peu honteux de sa parcimonie, le paysan, croyant s'excuser, répétait sans cesse :

— Ne vous avais-je pas dit que je vous traiterais en ami ?

— Oui, dit le curé, mais je ne savais pas que nous fussions si bons amis !

A son tour le pasteur invita son paroissien, qui ne se le fit pas répéter, et arriva avant l'heure fixée pour le dîner. Pendant ce temps, le curé mit une nappe très-propre, rinça bien les verres, posa carrément deux chaises devant la table, parfaitement d'aplomb, et enfin servit à son hôte un saucisson. Le paysan avait déjà tiré son couteau, essuyé la lame, que le curé n'avait pas encore attaqué la pièce de résistance. Il semblait dire : « C'est dommage de l'entamer! » Enfin, il y porta la pointe du fer meurtrier; il en coupa le petit bout juste raz de la corde, et ne pouvant tarder davantage, il se mit à mesurer de l'œil la largeur de la première tranche. Il s'efforça de la faire aussi étroite que possible; en la prenant au bout de la fourchette, on aurait, au besoin, pu voir au travers. Une tranche de saucisson ne suffit pas pour deux dîneurs, l'amphitryon ramena donc la lame tranchante sur sa victime, et, la passant aussi près du bord que possible, il dit à son invité :

— Voyez, je coupe mince, mince, on dit que c'est plus délicat, meilleur.

— Oh ! dit le paysan, nous, gens de la campagne, nous ne sommes pas si difficiles ; coupez seulement épais !

En voilà de l'économie ! ce n'est pas celle que je vous conseille; elle ressemble trop à de l'avarice. Entre cet extrême et l'autre, rappelez-vous l'exemple de nos amis les Bédouins.

Avant de sortir du fort, nous descendîmes dans le cachot du Masque de Fer. C'est une grande chambre carrée, percée du côté de la mer d'une seule fenêtre dans un mur de plusieurs mètres d'épaisseur. Là, au lieu de vitres, des barres de fer horizontales, d'autres perpendiculaires forment une grille à petits carreaux, si solide, que vingt hommes ne pourraient l'ébranler. Au delà de cette grille de fer, une seconde grille de fer; encore plus loin, toujours dans la même croisée, à l'autre bord de l'épaisse muraille, une troisième grille de fer. Que de précautions! Contre qui? on n'en sait rien. Il y a plusieurs conjectures. La plus accréditée dit que le Masque de Fer était un frère jumeau de Louis XIV, mis ainsi dans l'impuissance d'arriver au trône, pour laisser régner paisiblement son compétiteur.

Passer quarante ans dans les cachots, se savoir prince royal, et apercevoir à travers trois rideaux de fer une campagne verdoyante, inondée de soleil, et sur la plage de simples paysans en liberté, que ce devait être dur! Ce contraste entre l'intérieur du cachot triste, enterré, et cette mer dont les flots voyagent sous le vent, ces oiseaux qui passent et repassent dans les airs, ces barques de pêcheurs qui partent à volonté, ces dauphins qui se promènent à la surface de l'eau, tout parle de liberté au monarque qui seul est en prison ! C'est à faire perdre le goût des grandeurs ! car, remarquez-le bien, le frère de Louis XIV n'est pas le seul monarque français qui ait été emprisonné. Ceux restés libres sont l'exception. Comptez.

D'abord le Masque de Fer, frère de Louis XIV, reste quarante ans en prison.

Après lui, Louis XVI et la reine passent plusieurs mois à Paris dans la tour du Temple en prison.

Après Louis XVI, son fils, Louis XVII, relégué chez un savetier, y meurt en prison.

Après Louis XVII vint Louis XVIII qui, pendant vingt-cinq ans, vécut en exil ; son frère Charles X, une fois chassé de France, une fois chassé du trône, fut donc deux fois exilé. Voilà les deux privilégiés qui échappèrent à la prison.

Après eux, l'empereur Napoléon Ier, successivement jeté dans deux îles, vint mourir dans la seconde où il était gardé à vue et d'où il ne pouvait pas plus sortir que d'une prison.

Louis-Philippe n'a pas, que je sache, été mis dans un cachot ; mais, comme les autres, il a connu l'exil et les privations.

Et, pour couronner les preuves de cette triste vérité, l'Empereur qui règne aujourd'hui sur la France a été pendant six années dans une véritable prison. Voyons, mes enfants, qui de nous veut une couronne et un trône ?

— Moi !

— Moi !

— Moi !

— Bien ; commencez donc par aller en prison.

Le cachot visité, nous n'avions plus rien à voir dans l'île Sainte-Marguerite, du moins rien de curieux. Nous partîmes donc pour sa voisine, l'île Saint-Honorat, que vous voyez d'ici à côté de la première. Mettez l'œil à la lunette, et suivez de gauche à droite mes explications. D'abord une masure basse, entourée d'un mur plus bas encore ; c'est une batterie destinée à recevoir des canons. Un peu plus loin, ni masure ni mur, mais à peine quelques traces de pierres tombées; c'est encore un débris de fortifications. Et maintenant, voyez-vous cette vaste tour surmontée d'une galerie? on croirait vraiment que ce soit là un édifice bien considérable; c'est tout simplement un puits; mais comme l'eau est rare dans l'île, on a donné le plus grand soin à recueillir celle-ci. Le croiriez-vous? ce puits, ou plutôt cette source, est la cause première de toute une longue histoire, et quand je dis histoire, je ne veux pas dire un conte; j'entends une histoire historique qui n'a pas duré moins de deux ou trois mille ans. En effet, sans cette eau, personne n'eût songé à venir habiter cette île. Or, de cette habitation de l'île découlent les récits que je vous ferai plus tard. En attendant, remarquez comment une cause en apparence insignifiante, mais préparée par la Providence, peut conduire les hommes à telle ou telle détermination. Ici, c'est une source qui décidera des pirates grecs, des soldats romains, des moines catholiques, et un pasteur protestant, à venir s'établir sur ce point. A Grasse, c'est une source et quelques fleurs qui fixeront le site de la ville, la nature de son industrie et qui feront toute la richesse du pays. Pourquoi Paris, Lyon, Bordeaux, Nantes, ont-ils été mis où ils sont? parce qu'un cours d'eau y passe; si bien que le Créateur avait, en quelque sorte, marqué la place de nos grandes cités, en traçant le cours de nos fleuves. « Voyez combien Dieu est bon, disait un frère prêcheur; il a mis une rivière partout où les hommes avaient mis une ville! » Sottise de prédicateur, sans doute; mais on pourrait dire avec vérité : Voyez combien Dieu est habile à nous conduire, tout en nous laissant la liberté : l'homme croit avoir choisi la position de ses cités, tandis que, sans le gêner, Dieu la lui avait imposée. Admirons cette sagesse qui combine la volonté du Créateur avec la liberté de la créature, et en accomplissant les plus belles œuvres, sachons rester humbles; car c'est Dieu qui a tout préparé.

A côté de ce puits antique, une maison moderne, badigeonnée en rouge et garnie de volets verts. Quel contraste avec tout le reste ! A côté de la maison neuve, les restes d'un monastère. Tournez encore. Voyez-vous là-bas cette immense construction, ces murs crénelés, lézardés, irrégulièrement découpés dans les cieux ! Ce portique qui surmonte le tout et semble une grande fenêtre, est un clocher. Quel désordre sur le sol ! partout des pierres amoncelées. Est-ce un édifice en ruines ou en construction ? c'est tous les deux. Est-ce un monastère ou une forteresse ? c'est l'un et l'autre. Est-elle sur le rocher ou dans la mer ? à la fois sur le roc et dans l'eau. Cela vous étonne ? Je vais vous en donner l'explication. Mais, pour cela, nous devons remonter à trois mille ans dans le passé.

L'île Sainte-Honorat est si petite qu'on peut en faire le tour en trois quarts d'heure ; cette exiguité est précisément ce qui séduit l'imagination. Là, on se dit volontiers : Je voudrais être possesseur de ce petit royaume ! Et c'est cette prétention à se séparer du reste du monde qui causa la ruine des habitants, venus successivement pour goûter le bonheur d'être seuls. Nous avons été créés pour vivre ensemble ; dès que nous voudrons nous isoler, nous serons misérables ; c'est ce que vous sentirez à chaque phase de cette histoire.

En remontant dans la nuit des temps, à une époque antérieure à Jésus-Christ, nous trouvons d'abord un Grec, nommé Léro, s'emparant de l'île, avec sa troupe.... (Je ne sais s'il faut dire de guerriers ou de pirates), et faisant la chasse à toutes les galères qui passaient à leur portée. Combien cette domination dura-t-elle? je ne puis non plus le dire ; mais il était tout naturel qu'elle disparût sous les efforts réunis des navigateurs, et Lérin tomba comme est tombée Alger.

Plus tard, au quatrième siècle de notre ère, Fortunat voulut vivre en ermite, c'est-à-dire seul, dans cette île qui depuis lors a porté son nom. Il y convoqua quelques solitaires, en fit une espèce de Thébaïde, où les moines vécurent d'abord de leur travail, ensuite d'aumônes, et enfin de leurs rentes; car vous remarquerez que telle est toujours la marche que suit un monastère; il commence par être pauvre, il vit dans les macérations, fait naître la pitié chez les populations actives qui l'environnent, en reçoit la charité jusqu'à ce que, devenu riche par la mendicité, il achète des terres, recueille des héritages, sollicite des faveurs, et finisse par tomber dans l'abondance, la paresse, le plaisir, le vice, les désordres de tous genres, qui épouvantent les stupides donateurs, et font supprimer les moines et leurs couvents. Avant d'en venir à cette fin inévitable, nos cénobites devaient passer par des chances bien diverses : leurs richesses leur attirèrent des envieux avant de leur amener la débauche. Ainsi, en 731, les Sarrasins, pirates musulmans, vinrent abattre leurs églises, raser leurs bâtiments, et massacrer cinq cents moines, dont on a fait cinq cents martyrs, comme s'ils étaient morts pour la défense de leur foi, et non de leur maison!

En 739, même invasion, par les mêmes Sarrasins, contre les mêmes religieux.

En 1107, troisième pillage, troisième incendie par les infidèles, le jour même de la Pentecôte.

En 1400, la nation envahissante change, mais le but de l'expédition ne change pas; ce sont encore des pirates, non plus musulmans, mais prétendus chrétiens, qui partent de Gênes pour piller et massacrer leurs soi-disant frères. Vous le voyez la foi religieuse n'entrait pour rien dans toutes ces luttes, la grande affaire était de dépouiller ceux qui, pour jouir seuls, s'étaient isolés dans ce couvent.

En 1554, ce ne sont plus ni des pirates, ni des moines, ce sont des soldats qui s'emparent de l'île au nom de l'Espagne; ils y commettent mille excès, emportent le butin. Les moines ont alors le temps de venir amasser de nouveaux biens, qui, de nouveau, leur seront enlevés, en 1635. On pourrait donc résumer ainsi l'histoire de Saint-Honorat : Des moines viennent, s'enrichissent pour manger et pour boire à leur aise; quand on les voit dans l'abondance, on leur porte envie, et pour jouir à son tour, on vient leur dérober leurs provisions. Ils refont leur nid confortable ; on les dépouille encore ; ils y reviennent, on y revient ; et ainsi jusqu'au dix-huitième siècle, où, selon M. Mérimée, la conduite scandaleuse des religieux de Lérin amena la suppression de l'abbaye. Quels étaient ces scandales? M. Mérimée ne le dit pas ; seulement il ajoute en passant : « Quelques chambres sont encore lambrissées » dans le goût du dix-huitième siècle ; et plu» sieurs dessus de portes, peints, offrent des » bergers et des bergères dans le style de Van» loo, décoration qu'on ne s'attend guère à » trouver chez des moines. »

Mais comment ces moines pouvaient-ils fournir aux frais de cette vie scandaleuse, molle et gourmande ? Nous allons l'apprendre de la bouche d'un abbé qui nous le dit sans paraître s'en douter.

D'abord du puits à eau naturel, on fit jaillir de l'eau miraculeuse, dont les ondes se vendaient plus cher que le vin ; et comme la source était inépuisable, vous comprenez que ce trésor n'avait d'autre limite que la superstition et la fortune des paysans des alentours, qui venaient chercher la guérison, n'emportaient que de l'eau claire, tout en laissant leur argent.

Après avoir béni leur puits, les moines bénirent leur terrain, et déclarèrent bienheureux les morts que venait y enterrer la piété ou l'orgueil des parents. Être enseveli dans cette terre des cinq cents martyrs et des peintres des bergers et des bergères, était un moyen pour le défunt d'entrer dans le ciel, et pour les héritiers de se vanter d'en avoir fait les frais. Ainsi la superstition d'un côté, la vanité de l'autre, aidèrent les moines à vivre largement dans des appartements lambrissés à la Vanloo.

L'exploitation de l'île par les moines ne leur suffit pas plus que ne leur avait suffi celle du puits ; ils l'étendirent donc jusque sur les flots de la mer, et voici comment. Les pèlerins qui venaient dans l'île sainte devaient naturellement payer les bateliers qui les y transportaient. Mais les moines, jaloux de voir les marins prendre leur part du gâteau ecclésiastique, eurent l'heureuse idée de retirer ce profit de leurs mains, en leur imposant une redevance pour chaque pèlerin traversé. La transaction passée entre la communauté et l'abbé de Lérin à ce sujet a disparu depuis peu d'années des archives de la commune, nous dit un historien. Je le crois bien.

Était-ce là toutes les sources de richesses exploitées par les moines? Non; du puits, ils avaient passé à l'île, de l'île à la mer, de la mer ils passèrent au continent, et vinrent à Rians tirer parti de la sécheresse immanquable en été dans le midi de la France. On venait donc en foule de Rians à Saint-Honorat demander aux moines messes, bénédictions, etc., pour obtenir la pluie, et avant de partir on laissait dans trois bassins trois écus de six francs! Enfin les pèlerins, en buvant autre chose que l'eau qu'ils avaient demandée, tombèrent dans de tels désordres, que l'archevêque d'Aix dut interdire ces pérégrinations. Toutefois, plus tard, la sécheresse étant revenue à Rians, recommencèrent les processions, et retombèrent les écus de six francs!

Voilà les sources multipliées et abondantes de richesses qui venaient fertiliser le champ spirituel des saints moines, y faire croître et fleurir les scandales qui firent enfin fermer le couvent.

En 1788, il n'y avait plus dans l'île que sept religieux, qui même n'y étaient pas... Car ils vivaient pour la plupart sur le continent. Une pension de 1,500 francs fut accordée à chacun ; ils se partagèrent le mobilier, et l'île fut enfin abandonnée. Vendue par le gouvernement comme bien national, elle tomba en héritage à une comédienne ; fut ensuite achetée par un négociant, en vue de la culture. Mais hélas ! l'exploitation agricole n'est pas plus facile dans la solitude que toute autre industrie : la culture comme le monastère alla toujours décroissant. Il y a deux ans, un Anglais eut la fantaisie d'acheter cette île, ces ruines, ces souvenirs, pour en faire quoi ? Je n'en sais rien. Je le lui ai demandé à lui-même, ma question l'a surpris, et sa réponse ne m'a pas éclairé. Enfin, comme je vous l'ai dit, j'y suis allé moi-même, et si vous voulez y venir par la pensée, je vous servirai de cicérone, autant que me le permettront mes souvenirs.

En cinq minutes, nous traversons le bras de mer qui sépare Sainte-Marguerite de Saint-Honorat. Débarqués dans celle-ci, nous suivons le rivage couvert d'arbres, jusqu'à ce que nous arrivions sur l'autre bord, où se trouve le monastère ruiné. Je dis monastère, je pourrais dire forteresse, car nous voyons ici de hautes murailles, couronnées de machicoulis, un fossé et un mur d'enceinte crénelé et bordé d'un chemin de ronde. Vous comprenez que tout cela était disposé pour la défense des moines, et contre les envahissements des pirates. En pénétrant à l'intérieur, nous trouvons une cour presque carrée, entourée d'arceaux en ogives, et d'une galerie promenade sur les quatre côtés. La cour est à ciel ouvert ; son sol recouvre une citerne. Au premier étage, même répétition d'arcades et de galeries, si bien que le tout ensemble rappelle une maison mauresque, telle que j'en ai vu à Alger. Cette construction serait-elle de la main des pirates musulmans ? De plus savants que moi ne le pensent pas. On y lit même des inscriptions romaines, telles que celle-ci : *Constantino Augusto.* Faut-il donc remonter plus haut que les moines ou les Sarrasins ? En vérité je n'en sais rien. Ici tout semble calculé pour poser, à chaque pas, une nouvelle énigme au visiteur : des chambres portant des traces romaines ; d'autres ornées dans le goût de la renaissance, d'autres plus modernes ; une multitude d'escaliers dérobés ; des corridors qui s'enchevêtrent ; des passages conduisant des étages supérieurs dans les souterrains ; construction mixte, à la fois ecclésiastique et militaire ; œuvre bâtarde où se marient l'ogive et le plein ceintre, l'inscription latine et la colonne grecque... Le plus sage, en présence de cette confusion inextricable, est de vous dire que je n'y comprends rien. Le tout « donne l'idée, dit M. Mérimée, des châteaux d'Anne Ratcliffe, ou d'un édifice qu'on aurait élevé exprès pour jouer à cache-cache. » — Cependant, les moines n'étaient pas des enfants.

Montons encore ; mais prenez garde ! Ici les

marches manquent sous les pieds, les murs sous la main, et si par quelques crevasses du plancher vous ne tombez pas dans la citerne, vous pourriez bien, par une brèche de la muraille, trébucher dans la mer. Mais que vois-je? Une troisième ligne d'arcades, non plus en marbre, non plus en pierre, mais en bois, en modeste et prosaïque sapin, et cela construit d'hier, encore inachevé? Etrange idée de compléter en planches un édifice de marbre! et de le restaurer dans un style qui blesse les yeux, torture l'esprit et ne ressemble à rien! Aussi édifice et réparation sont-ils abandonnés. Le tout, l'île comprise, est à vendre, comme pour mieux constater l'impuissance de vivre dans l'isolement. Fût-on Robinson Crusoé, un jour vient où l'on quitte son île. Je le répète, nous ne sommes pas faits pour la solitude, mais pour la société. La vie s'est retirée de Saint-Honorat, peu à peu, et si complétement, qu'il n'y a plus aujourd'hui qu'un vieux fermier laissant la terre pousser ce qu'elle veut. Jadis on y vendait aux étrangers, nous dit notre batelier, quelques bouteilles de vin du terroir. Aujourd'hui, bien que la principale récolte soit en raisins, le pauvre vieillard est obligé de venir chercher sa boisson sur le continent.

Mais il est temps d'y retourner nous-mêmes, et puisque je viens de me rappeler notre batelier, je vous répéterai deux naïvetés charmantes qu'il nous dit en revenant.

Un de nos compagnons de voyage lui demanda quelle était la différence entre les anchois et les sardines ?

— Eh bien ! répondit notre pêcheur, des anchois, c'est des anchois, tandis que des sardines, c'est des sardines.

Heureux d'avoir été si bien conduits par notre homme, nous lui demandâmes, en le quittant, comment il se nommait pour le retrouver au besoin.

Je m'appelle Durand, dit-il.

Et comme il craignait que ce nom ne sortît de nos souvenirs, il ajouta pour aider notre mémoire :

— Vous n'aurez qu'à vous rappeler Monsieur

Durand, et tout de suite mon nom vous reviendra[1] !

Je ne voudrais pas cependant qu'on jugeât de l'esprit provençal par cet échantillon. Le trait suivant me paraît beaucoup plus caractéristique.

Un jeune paysan, fatigué du travail et de la chaleur du jour, avait posé sa veste et s'était endormi sous un olivier ; un jeune citadin passe et conçoit un tour à jouer au dormeur ; c'est de suspendre sa veste, déposée sur le sol, à une branche de l'arbre assez élevée pour que le pauvre garçon ne pût pas l'atteindre. Mais ce beau projet, il fallait l'exécuter, et pour cela monter jusqu'au sommet de l'olivier où le dormeur, à son réveil, n'oserait se hasarder. Le farceur prit donc toutes les mesures pour réussir dans cette expédition difficile. Il déposa habit et souliers, re-

[1] Le développement intellectuel que suppose ces réponses, a poussé quelques amis chrétiens à s'occuper de la classe la plus pauvre de ces contrées. Ainsi une salle de couture, égayée par des chants de cantiques, a été ouverte ; une école du dimanche, mêlée d'anecdotes, a été formée dans un jardin ; une réunion de travail dans un salon ; des Traités religieux ont été répandus, des Bibles données ou vendues ; des maisons visitées,

troussa ses manches de chemises, et saisissant l'arbre comme un mât de cocagne, il monte, monte, non pour en détacher montre ou saucisson, mais pour y suspendre la veste aux manches pendantes. Ce ne fut pas une petite affaire ; il fallut bien des efforts et bien du temps pour y parvenir ; d'autant plus que le malin n'était pas très-adroit. Quand le citadin fut au sommet de l'arbre, le paysan se réveille, cherche sa veste de toile et ne trouve qu'un habit de drap. Étonné de la métamorphose, il tourne et retourne le vêtement ; mais enfin prenant son parti de l'heureux changement, il enfile une manche, puis l'autre, et se trouve vêtu moitié en monsieur, moitié en paysan. Il se regarde avec satisfaction et s'en va.

Pendant ce temps le farceur regarde du som-

et de tout cela qu'est-il résulté ? La salle de couture a été subitement abandonnée, l'école du dimanche désertée, les Traités brûlés sur la place publique, à la grande satisfaction des danseurs de farandole. Qui a suscité tout cela ? je vous le laisse à deviner. J'adresse cette note à ceux de mes lecteurs qui pourraient s'étonner de trouver dans ces pages quelques lignes antiromaines.

met de l'olivier ce qui se passe au bas. Il n'ose se plaindre ; sa conscience lui dit qu'il a tort, et sa vanité ajoute que s'il parle on se moquera de lui, d'ailleurs il faut le temps de descendre sans s'écorcher. Pendant qu'il fait toutes ces réflexions, le villageois s'éloigne et tourne un coin avant que l'oiseau perché se fût décidé à parler. Le farceur descendit enfin et se jugea fort heureux d'avoir à mettre sur ses épaules la veste de toile, témoin de son adresse et de sa confusion. Lui aussi revint en ville, moitié monsieur, moitié paysan, et complétement corrigé.

Mais il est temps de revenir à mon balcon.

La Napoule.

IV

L'Estérel. — La Napoule. — Amour de l'antique. — Les Sarrasins, nobles brigands. — Description poétique ramenée à la vérité. — Le mont Saint-Cassien, son temple à Vénus, son couvent, son ermite et ses danses. — Le gland de mon bonnet. — Douze pêcheurs; une demi-douzaine de suppositions absurdes. — Six foudres de guerre en face de mon balcon.

Jusqu'à ce jour, cette longue chaîne de montagnes s'étendant sur la mer, comme pour nous protéger du vent et servir de théâtre au jeux fantastiques des nuages, m'avait intéressé par ses aspects infiniment variés. Tantôt ces monts se détachent sombres sur le fond du ciel, tantôt perdus dans des vapeurs, ils grandissent dans les airs. Le matin ils s'illuminent au soleil levant, le soir ils dorent leurs crêtes d'une frange de feu qui pâlit et disparaît. Cette chaîne n'est pas une ligne rigide; elle s'abaisse, se relève, se brise mille fois avant de se perdre dans la mer. Ce n'est pas une montagne; ce sont plusieurs pics sur des plans plus ou moins reculés, si bien que la lumière peut éclairer un rocher en saillie et laisser son voisin dans une ombre mystérieuse. L'esprit rêve dans ces gorges, vues de loin, des scènes étranges, surtout quand on a entendu dire que depuis les invasions des Sarrasins, des espèces de sauvages se sont perpétués dans l'Estérel, et y vivent on ne sait comment; si ce n'est que de temps à autre ils ont arrêté les voyageurs, et tout récemment encore la diligence de Draguignan. Depuis six mois que j'habite mon balcon, ce spectacle m'a suffi et je n'ai jamais éprouvé le désir de voir l'Estérel de plus près. Cependant il y a quelques jours, précisément en vue de ce récit, je me suis procuré une longue-vue, et aussitôt, sur les flancs de la montagne, ont apparu à mes yeux des habitations jusque là ignorées; je vois là-bas, non loin de la plage étroite, des maisons rustiques, réfugiées sur la pente entremêlée de champs et de rochers, mais ces habitations me paraissent closes et privées d'habitants. En faisant opérer à la lunette un mouvement vers la mer, elle se trouve braquée sur une vaste construction en ruine. Les pieds de l'édifice plongent dans la mer, une tour massive et délabrée m'annonce un vieux château, des piliers sur le sol de distance en distance me semblent révéler un ancien aqueduc, et j'y crois d'autant mieux que je sais qu'une ville romaine s'élevait jadis sur ce point. Encore un léger mouvement imprimé à ma longue-vue, et je tombe sur une autre construction vaste, noire, solide, non moins seigneuriale que la première. Quel contraste entre cette façade percée de fenêtres dégradées par le temps, et ce soleil qui les traverse, toujours jeune, toujours brillant ! On croit voir la vie se jouer sur le squelette de la mort. Opposition sans cesse renaissante ! C'est le temps s'évanouissant devant l'éternité.

Cette disparition, lente, mais sûre me fait

mal ; mon cœur en souffre, mon imagination s'assombrit ; je veux bien que ce château croulant me parle de mort, mais à condition que ce soleil levant me parlera de vie, de vie nouvelle, de vie sans fin. Non, je ne suis pas né pour mourir ; j'ai horreur du néant. Il est impossible que Dieu m'ait donné pour lot ce qui me glace d'épouvante, et que toute mon existence soit empoisonnée par la pensée qu'elle va finir. Je consens à regarder la ruine, mais il faut que le soleil l'éclaire, et dussent ces pierres se transformer en poussière, leurs grains imperceptibles, vus sous ces rayons célestes, brilleraient encore à mes yeux comme de l'or.

Je reviens aux masures que ma lunette me découvre sur la côte. Évidemment ce reste de hameau est La Napoule dont j'entends souvent parler. Mais j'en veux savoir davantage ; j'ouvre un vieux livre, et j'apprends que là passait jadis une voie romaine ; là s'élevait Néapolis, en grec Villeneuve, qui s'est transformé en *Napoule*. Près de là se trouve encore une colonne milliaire, une inscription latine rappelant un temple dédié au dieu Mercure... Décidément nous sommes en pleine antiquité. Je veux aller voir de près et toucher de ma main les vestiges de la grandeur romaine. Qui sait si je n'y trouverai pas quelques médailles des Césars? quelques vases étrusques? C'est décidé, je pars demain à cinq heures du matin.

C'est hier que je parlais ainsi; aujourd'hui, dès huit heures, me voilà sur ces ruines grecques et romaines. J'interroge le douanier qui, sous prétexte de nous dire bonjour, est venu plonger son regard dans notre barque.

— Quel est ce vaste et noir château en ruine? lui dis-je.

— C'est une savonnerie.

— Quoi! ce château est une savonnerie?

— Oui, une savonnerie.

— C'est impossible!

— Pourquoi?

— Parce que j'ai cru que c'était une ruine romaine.

— Non, Monsieur; c'est une ruine marseillaise où jadis on faisait du savon.

J'étais vexé. Toutefois j'espérais me dédommager.

— Et cet autre bâtiment flanqué de tours, n'est-ce pas un vieux château grec ou romain ?

— C'est une verrerie.

— Une verrerie où l'on fait du verre ?

— Oui, où l'on faisait du verre, car aujourd'hui on n'y fait rien.

Mes deux châteaux s'étaient évanouis ; je n'osais plus faire de questions. Cependant, je m'enhardis, et je demandai la fameuse colonne milliaire.

— Connais pas, dit le douanier.

Vous pouvez croire que je ne m'informai pas de la voie *aurélienne* de mon vieux livre ; le douanier me semblait décidé à tout nier pour me vexer. J'aimais mieux le forcer à des aveux sur des vestiges visibles, palpables, et je lui dis :

— Vous ne me persuaderez jamais que ces ruines respectables, avec tour du nord, soient celles d'une verrerie ?

— En effet, c'était d'abord un château.

— Ah ! vous voyez bien? et sans doute un château romain ?

— Du tout, un château bâti par M. de Montgran.

— Au moyen âge ?

— Non, au siècle dernier.

Tous mes efforts pour vieillir mes ruines étaient donc perdus ! et bon gré, mal gré, je dus reconnaître une ruine moderne dans la plus ancienne de la contrée. Il n'y pas jusqu'à mon vieux bouquin qui ne se plaise à me contrarier. Consulté de nouveau, il m'apprend que le nom grec néapolis est une traduction de fantaisie de M. de Villeneuve, seigneur dudit lieu. Ainsi M. de Villeneuve, mécontent de son nom moderne, a voulu, comme moi, se perdre dans l'antiquité. Quelle manie de ne vouloir pas être de son temps ! quelle étrange idée que de se rendre intéressant en se vieillissant ! Comme c'est honorable de pouvoir dire : J'ai dans mon jardin une inscription qui a deux cents ans ! J'ai visité des ruines en Chine qui avaient soixante siècles !

Moi, qui vous parle, j'ai regardé un aqueduc romain !

Tandis que je me débats contre l'évidence, j'entends un second douanier tenir avec un de mes compagnons de voyage le dialogue suivant :

— Vous avez là une chapelle ; y dit-on la messe ?

— Non.

— Pourquoi ?

— Le curé qui venait y officier de temps à autre recevait vingt sous chaque fois, et il était content. Ensuite, il s'avisa d'en demander trente qui lui furent accordés, et il fut encore plus satisfait. Cependant il en voulut plus tard quarante, qui, comme les vingt et les trente, lui furent donnés. Vous comprenez s'il fut heureux ! Mais ne voilà-t-il pas qu'il nous demande encore l'argent que nous mettons dans le tronc ! Alors nous n'avons pas voulu, et nous l'avons mis à la porte !

— Le tronc ?

— Non, le curé.

— Eh bien! moi, je vais vous donner un remplaçant de votre prêtre; c'est l'Évangile de Jésus-Christ qui donne tout gratuitement. Tenez, écoutez : « Vous l'avez reçu gratuitement, donnez-le gratuitement. » — « Vous êtes sauvés par grâce; cela ne vient point de vous : c'est un don de Dieu. Prenez sans or ni argent. Vous êtes justifiés gratuitement par la grâce, par la rédemption qui est en Jésus-Christ. »

— Combien coûte ce livre?

— Rien; je vous le donne gratuitement.

Et, en effet, mon compagnon, qui était un brave officier en retraite, envoya le soir même un Nouveau Testament au douanier en activité; quand je dis en activité, je devrais dire en repos : car les douaniers, sur cette côte, montent tout simplement la garde pour surveiller des conbandiers qui ne viennent jamais; ils ne sont là que pour faire peur..... Il en résulte qu'ils ne font rien. Eh bien! le croiriez-vous? ces hommes qui vivent là seuls à ne rien faire m'ont tous paru de bons enfants. Ils reçoivent si peu de visites que je les suppose très-heureux d'avoir à parler à quelqu'un. Décidément l'homme n'est pas fait pour vivre seul; c'est un animal sociable. Seulement ce qui m'étonne, c'est qu'il ne puisse être en société sans se disputer avec son voisin. Aussi, mon rêve, en quittant ces rivages, était de me faire douanier à La Napoule, afin de vivre en paix avec tout le monde.

En retournant chez moi, me revint le souvenir des Sarrasins, de leur excursion dans l'Estérel, et je regrettais bien de n'avoir pas demandé à mes amis les garde-côtes s'ils n'avaient jamais vu dans leurs courses à travers les bois et les montagnes les bandits dont les ancêtres remontaient jusque dans la nuit des temps; car il est bon que vous sachiez que Sarrasin vient de Sara, femme d'Abraham, et qu'ainsi, c'est de la femme légitime du Père des Croyants que ce peuple antique prétend descendre. J'en étais donc au regret de n'avoir pas constaté l'existence de ces hommes presque antédiluviens, lorsque le facteur me remit sur la route mon journal des *Débats* [1].

[1] Du 8 mai 1858.

Je l'ouvre, je tombe sur les faits divers, et j'y lis quelques détails précisément sur l'arrestation recente de la diligence de Draguignan par *mes* descendants de Sarrasins. Or, savez-vous quels sont ces descendants des Sarrasins? Hélas! ma poésie s'évanouit encore ! Ces Sarrasins sont tout simplement :

1° Antoine Loubeux, postillon ;

2° Richard, marchand de vin du Coin à Marseille ;

3° Cornu Régis, chanteur ambulant, et

4° Auguste Terris, escamoteur.

Voilà donc encore mes bandits Sarrasins découronnés de leur auréole d'antiquité. Un marchand de vin, un joueur de gobelets ! Comme c'est humiliant pour mes nobles voleurs !... Voilà bien comme nous sommes faits : nous prenons intérêt au méchant lui-même, pourvu qu'il soit revêtu d'une certaine poésie. Le bandit italien priant la madone de bénir ses expéditions, le bohémien voyageant en famille dans sa maison ambulante, le brigand espagnol une plume au chapeau et le poignard à la jarretière, tout cela nous plaît, car tout cela pour nous a des formes étrangères ou anciennes, et il est à présumer que dans quelques siècles les générations futures trouveront aussi très-poétiques nos voleurs modernes, et très-pittoresque le bonnet rouge de nos galériens ! Oh ! mes amis, défiez-vous de la folle du logis, et sachez appeler brigand même un Sarrasin, dès qu'il arrêtera diligence ou voyageur.

Je crains, cher lecteur, que vous ne me trouviez bien prosaïque et que vous ne m'accusiez de peindre trop au naturel ce qui vous plairait mieux quelque peu embelli? Ah ! vous voulez de l'ornement dans le récit? Eh bien! vous en aurez ! Je vais vous donner ici la description à la méridionale de tout ce qui pour l'heure frappe mes sens.

Et d'abord, sachez que je suis dans un château et non dans une maison, car à Cannes on appelle château tout ce qui ne tombe pas en ruine, ne sent pas mauvais, s'élève hors des rues étroites, en face d'un carré de jardin. Si l'édifice a un portique au bas, une balustrade en haut, un balcon d'un côté, une cour de l'autre, il devient incontestablement un château de premier ordre.

Mais qu'entends-je? Quels sons harmonieux et plaintifs viennent frapper mon oreille? On se croirait dans un château du moyen âge; le vent souffle avec furie, des harpes éoliennes résonnent appendues aux murailles... — Je vous demande pardon du désillusionnement; mais ces harpes éoliennes, au nombre de douze et appendues aux murs du château, sont tout simplement des vases à fleurs, et ces vases à fleurs sont plus simplement encore des cheminées. Le vent s'engouffre dans les fleurs de pierre; de là le bruit qu'il vous plaît d'appeler harmonieux et plaintif.

Mais que vois-je à cette heure? Des lits de roses couvrent le jardin, des franges de verveines aux couleurs vives et variées bordent ces méandres de fleurs. Des allées sablées de paillettes d'argent....

— Pardon, ces paillettes d'argent sont des parcelles de mica prises sur le bord de la mer.

— Et cet instrument du jardinier n'a-t-il pas un manche d'or?...

— Oui, c'est un bâton cuivré qui jadis soutenait les rideaux de salon.

— Oh! vous nous gâtez tout avec votre vérité!

— C'est vous qui faussez tout avec votre imagination. Si vous voulez que j'admire, montrez-moi, non pas l'œuvre de l'homme, mais celle de Dieu, cette mer sans fin, ces étoiles sans nombre et surtout cet amour infini du Créateur empreint dans les plus petits détails de l'univers comme dans le don magnifique de son Fils pour racheter le pécheur contrit et repentant : mais moi, ce pécheur, je ne peux pas m'admirer. Consentons à voir dans toute sa pauvreté ce que nous sommes et ce que nous faisons; alors l'humilité nous conduira à chercher en Dieu la grandeur morale, la seule vraie grandeur.

A notre retour de La Napoule vers Cannes par mer, nous remarquâmes sur la côte un monticule arrondi à son sommet que j'avais déjà observé de la grand'route. Son abondante verdure, ses arbres magnifiques contrastent avec les alentours. Sa couronne de pins majestueux fixe les regards, elle est si gracieusement posée sur sa tête, le mont se détache si bien de la vallée qu'on est tenté de croire que la couronne et la montagne sont faites de mains d'homme. En effet, telle est la tradition. Le mont Cassien fut, assure-t-on, terrassé par les Romains pour protéger leurs flottes, de ce point élevé. Un temple à Vénus y fut construit pour amollir, dit mon auteur, les mœurs des habitants que les armées de Rome n'avaient pas pu soumettre. Plus tard les abbés de Lérin démolirent l'autel de la divinité païenne pour faire place à un saint monastère. Mais hélas! il paraît que les nonnes se ressentirent de l'antique profanation du lieu... ou plutôt que le cœur humain est corrompu dans tous les siècles et sous toutes les appellations, car le monastère fut abandonné « à cause du relâchement des vierges chrétiennes. » Vous voyez que le nom n'y fait rien. Qu'on s'appelle Vénus ou nonne, on peut dans un temple, comme dans un monastère, vivre dans l'impureté. Ne soyons donc pas trop fiers de notre baptême de chrétien, regardons plutôt aux sentiments réels de notre cœur.

Croyez-vous que la démolition du temple de Vénus et l'abandon du monastère des nonnes aient beaucoup changé la destination des lieux? Encore non. Saint-Cassien a bien aujourd'hui une église, un autel, une messe. Mais voulez-vous savoir quelle est sa spécialité moderne? c'est de se transformer en salle de danse le jour où la messe est chantée. Le 23 juillet on y vient de toutes parts, on y boit, mange et valse, et ce jour passé, le mont Cassien retombe dans l'oubli! Voilà donc encore Vénus qui reparaît même après la destruction du temple païen, même après l'abandon du monastère catholique, même pendant le séjour du solitaire qui s'y trouve aujourd'hui.

Oui, Saint-Cassien possède un seul habitant, un ermite vivant de collectes en ville, pour ne pas dire d'aumônes. Hélas! l'ermite aussi a eu, s'il n'a plus, femme et enfants. Ne serait-il pas plus conforme à la nature, au code, et même à l'Évangile de vivre en famille, que d'aller s'isoler au sommet d'une montagne pour n'y rien faire? Mais aux yeux de certaines personnes, ce serait moins méritant. A leur compte, j'ai eu mon moment de mérite aussi, car j'ai souhaité vivre douanier à La Napoule en pure contemplation ! Je trouve fort commode le mérite des couvents.

Faut-il donc se tuer, me direz-vous, à travailler nuit et jour ? Au contraire, je veux vous donner une recette pour avoir moitié moins de fatigues, moitié moins de peine dans l'étude, moitié moins de travaux dans la maison, et pour acquérir ainsi le double de loisir, le double de liberté, le double de fortune. Écoutez.

J'avais une fois un bonnet grec orné d'un long gland suspendu au bout d'un long cordon ; si bien que les bords du gland de laine venaient constamment me chatouiller quelque part. Si j'écrivais, le gland me tombait sur les yeux ; si je penchais la tête, il venait m'effleurer l'oreille, et je ne pouvais porter la main à mon bonnet sans que le gland ne s'embarrassât dans mes doigts. Aussi, dès qu'il me bouchait les yeux, grattait l'oreille, embrouillait les mains, je le repoussais bien vite, me promettant de le faire raccourcir, ou de le raser moi-même, assez court pour qu'il ne vînt plus me gêner dans mes mouvements. Mais une fois le gland rejeté en arrière, je continuais mon travail et ne pensais plus à l'importun.

Il paraît que l'importun pensait à moi, car il revenait bien vite d'un autre côté recommencer son métier de tourmenteur. Je le chassais avec impatience, me confirmais dans ma résolution de le raccourcir, et je reprenais mon travail interrompu ; mais si souvent interrompu, et moi de si mauvaise humeur qu'à la fin j'avais travaillé plus mal et moins. Il est vrai que je pouvais me vanter de n'avoir pas perdu mon temps à couper mon gland !

Le croiriez-vous ? j'ai traversé des mois à renvoyer le raccourcissement de mon gland pour m'épargner un travail de deux minutes, et pendant ces mois, dix fois par jour j'ai pris la peine de l'éloigner ! je me suis impatienté, irrité, j'ai mal fait ce que je faisais ; j'ai gâté mon caractère, perdu des heures, dans les rejets de mon gland cent et cent fois répétés ; et tout cela pour sauver les deux minutes qu'il m'aurait fallu perdre une bonne fois pour le couper. O admirable calcul du renvoi au lendemain !

Or, savez-vous quand je me suis enfin décidé à raser l'importun ? C'est un jour que ma paresse cherchait un prétexte pour ne rien faire ; ma plume était entre mes doigts, mon papier sous ma main, et moi je cherchais des yeux un colifichet à découper... mon bonnet grec était sur mon bureau... Heureuse inspiration pour avoir le droit de laisser là plume et papier ; je prends le bonnet et je coupe le gland !

O mes amis ! défiez-vous de cette pensée : *Je le ferai plus tard*. Coupez votre gland dès qu'il vous gêne, et vous en aurez plus de temps, de liberté, de plaisir. Voilà ma recette pour s'épargner la moitié des fatigues que donne tout travail, c'est d'écarter de suite l'obstacle, pour travailler mieux et plus rapidement.

Ma promenade favorite, après celle de mon balcon, c'est le bord de la mer, et mon sopha le plus flexible, sinon le plus moelleux, c'est le sable du rivage. Là se trouvent même quelques plis de terrain pour me servir de siége.

Hier soir j'étais donc sur ce banc de sable en méditation profonde, lorsqu'à ma droite un petit bateau vint débarquer six hommes qui sautèrent précipitamment à terre. Je me tournai vers la gauche, et je vis, dans une seconde embarcation, six autres hommes opérant la même manœuvre. De part et d'autre, ces gens tiraient une corde sortant de la mer, et je compris bientôt que j'étais en face de douze pêcheurs. Placé au centre de la manœuvre, je risquais d'être pris comme un poisson, et je me hâtai de venir auprès des travailleurs continuer ma méditation.

Douze pêcheurs tirant leur filet sur le bord de la mer, en face d'un homme qui tenait un Évangile à la main, me firent penser à une scène semblable d'un autre siècle et d'une autre contrée. Alors me vint à l'esprit cette question : Oserais-je, à l'exemple de mon Maître, parler de leur âme à ces compagnons de Pierre et d'André, de Jean et de Jacques ? Non, je l'avoue, je ne m'en sens pas le courage ; je craindrais d'être méconnu, repoussé, tourné en ridicule. Je suis si convaincu que j'y perdrais mon temps, que certainement je n'en ferai pas la tentative.

Je suppose que je leur dise : « Suivez-moi, je vous ferai pêcheurs d'hommes vivants » ; que répondraient-ils ? — Rien ; ils me regarderaient tout ébahis ! Et si j'insistais, il est plus que probable qu'ils ne laisseraient pas leurs filets pour m'accompagner.

J'admets toutefois que ces hommes, abandonnant leurs gagne-pain, vinssent avec moi à Cannes, nouvelle Capernaüm, et que là je les informasse de mon projet de convertir le monde entier avec leur concours, me comprendraient-ils ? et s'ils me comprenaient, ne me croiraient-ils pas fou ? C'est certain.

N'importe ; je veux supposer encore que ces douze pêcheurs, se laissant persuader par moi d'aller reprocher aux habitants de Cannes leurs folies, leurs péchés, leur assurant que s'ils ne se convertissent ils périront, les habitants de Cannes les écouteraient-ils ? changeraient-ils de conduite? — Non ; le peuple pousserait des huées contre les douze convertisseurs, le commissaire de police irait requérir les gendarmes, et l'on mettrait nos prédicateurs en prison.

Ne nous lassons pas de faire des suppositions impossibles. J'admets donc que nos moralistes ne soient pas emprisonnés, et qu'ils se mettent à parcourir la France, criant : « Convertissez-vous ; » qu'ils arrivent enfin à Paris, la ville élégante, spirituelle, moqueuse, et que là, un dimanche, après midi, dans le jardin des Tuileries, ils rassemblent la foule autour d'eux pour parler du péché, de la Nouvelle-Naissance et de la Rédemption qui est en Jésus-Christ ; pensez-vous que ces promeneurs élégants se missent à gémir sur leur mondanité ? Du tout ; ils partiraient d'un grand éclat de rire, et les gardes du jardin conduiraient les prédicants à la Préfecture de police, d'où bientôt on les transporterait à Charenton.

Je fais une dernière supposition : ces douze hommes meurent dans leurs cellules de fou ou dans leurs cachots de vagabond, quelques-uns des promeneurs des Tuileries sont saisis de la même manie de moraliser et de convertir. Les voilà parcourant l'Europe, l'Asie, l'Afrique, les deux Amériques, disant partout que les douze pêcheurs de Cannes étaient des dépositaires de la sagesse divine, qui n'avaient abandonné leurs affaires et leurs familles que pour obéir à leur conscience éclairée par le Saint-Esprit ; pensez-vous que les Européens, les Asiatiques, les Africains et les Iroquois, peuples civilisés et peuples sauvages, accepteraient avec empressement la parole tout humaine de ces missionnaires, changeraient de conduite et laisseraient leurs plaisirs et leurs vices pour vivre saintement? Non, mille fois non! Cette dernière supposition, comme les autres, est une grande absurdité.

Bien. J'en conviens, j'ai fait successivement une demi-douzaine de suppositions irréalisables et absurdes. Que faudrait-il pour les rendre toutes possibles et raisonnables? Il faudrait que je fusse, en effet, un envoyé divin, que les pêcheurs de Cannes eussent réellement reçu le Saint de Dieu, et que leur doctrine fût réellement révélée du ciel ; il faudrait, par-dessus tout, que leur prédication fût accompagnée de miracles nombreux, éclatants. Oh ! s'ils ressuscitaient les morts, certainement les plus incrédules cesseraient d'en rire, et il y aurait des chances pour que les plus sérieux se convertissent à la parole de ces ignorants, accompagnée de prodiges.

Eh bien ! amis lecteurs, ne comprenez-vous pas que les hommes étant les mêmes dans tous les siècles, les pêcheurs de la mer de Tibériade n'ont pas pu, mieux que ceux de la Méditerranée, se passer d'une puissance miraculeuse, de la protection de Dieu et de la vérité, pour faire l'œuvre qu'ils ont accomplie, la conversion du monde ? Oui, lecteurs, vous le comprenez, car il suffit pour cela de n'être pas résolu à ne pas le comprendre. Ceux qui ne le croient pas ont des motifs pour ne pas le croire ; ils veulent rester dans les plaisirs coupables que les apôtres leur demandent d'abandonner. Jésus le dit : « La lumière est venue dans le monde ; mais les hommes préfèrent les ténèbres, parce que leurs œuvres sont mauvaises. »

Quand les poissons furent là, sautillant sur le sable, je dis au plus âgé des pêcheurs :

— Combien de temps vous a-t-il fallu pour accomplir ce coup de filet ?

— Ah ! Monsieur, répondit-il, c'est beaucoup de peine pour peu de chose. Nous sommes une vingtaine, compris femmes et enfants ; il nous faut gagner vingt francs pour avoir chacun vingt sous.

Hélas ! ce langage ne justifia que trop mes craintes, et je compris que pour faire de cet homme un saint Pierre il ne fallait pas moins d'une conversion.

— A peine avais-je fait cette réflexion, que mes douze pêcheurs, les pantalons retroussés, les pieds nus, marchant dans l'eau, avaient regagné leurs embarcations. Je les suivais des yeux sur les flots lorsque mon regard rencontre à l'horizon les vastes ailes blanches d'un immense vaisseau déployées sur trois mâts. Au centre du navire se dresse un cylindre fumant. C'est un bateau à voile et à vapeur. Cependant il n'y a pas de roues sur les flancs ; une hélice doit se cacher dans le fond. Je n'ai jamais vu un vaisseau de cette dimension. Que vient faire ce foudre de guerre à Cannes, si paisible?... Mais j'en aperçois un second, un troisième, un quatrième, un cinquième, et un dernier à demi caché derrière l'île Saint-Honorat. Est-ce le vapeur de Marseille, le paquebot-poste d'Alexandrie, le steamer de Londres? Non, car ces navires-ci ont des centaines de canons! Est-ce une nouvelle fuite du pape échappant à l'amour de ses sujets? est-ce une flotte ennemie qui vient mitrailler la France, en commençant par mon balcon? Non, car ces six monstres restent au large, se promènent, sans jamais s'approcher du rivage.

Qu'est-ce donc?

Je vous le laisse à deviner, ce sera une manière piquante de terminer *De mon Balcon.*

FIN.

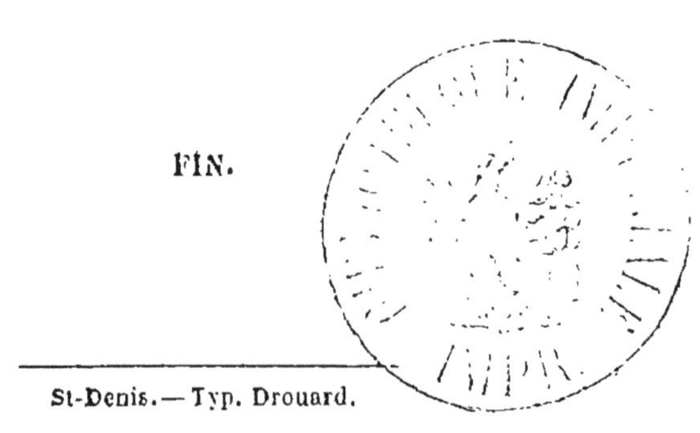

St-Denis. — Typ. Drouard.

TABLE.

III

IV

FIN DE LA TABLE.

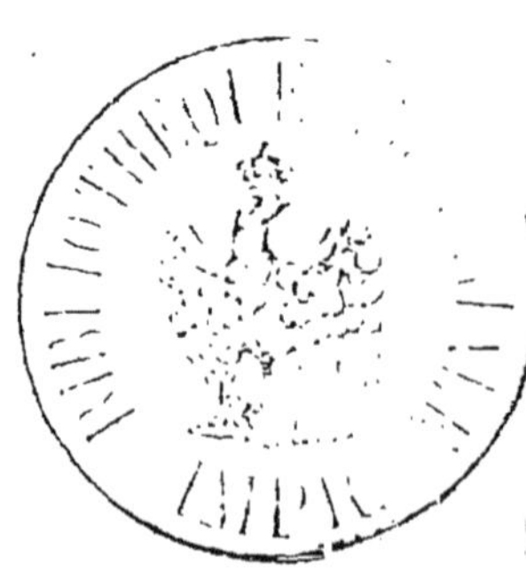

www.ingramcontent.com/pod-product-compliance
Ingram Content Group UK Ltd.
Pitfield, Milton Keynes, MK11 3LW, UK
UKHW012038240726
13965UKWH00003B/878

9 782013 072489